认知打底
成为一流的企业管理者

王明春 ◎ 著

Based with Cognitions

Becoming First-class
Enterprise Managers

企业管理出版社
ENTERPRISE MANAGEMENT PUBLISHING HOUSE

图书在版编目（CIP）数据

认知打底：成为一流的企业管理者 / 王明春著 . —北京：企业管理出版社，2024.3

ISBN 978-7-5164-2647-0

Ⅰ.①认… Ⅱ.①王… Ⅲ.①企业管理 Ⅳ.① F272

中国国家版本馆 CIP 数据核字（2024）第 053149 号

书　　名：	认知打底——成为一流的企业管理者
书　　号：	ISBN 978-7-5164-2647-0
作　　者：	王明春
策划编辑：	赵喜勤
责任编辑：	赵喜勤
出版发行：	企业管理出版社
经　　销：	新华书店
地　　址：	北京市海淀区紫竹院南路 17 号　　邮编：100048
网　　址：	http://www.emph.cn　　电子信箱：zhaoxq13@163.com
电　　话：	编辑部（010）68420309　　发行部（010）68701816
印　　刷：	北京联兴盛业印刷股份有限公司
版　　次：	2024 年 5 月第 1 版
印　　次：	2024 年 5 月第 1 次印刷
开　　本：	710mm×1000mm　　1/16
印　　张：	14 印张
字　　数：	183 千字
定　　价：	68.00 元

版权所有　　翻印必究·印装有误　　负责调换

前　言

　　成为一流的企业管理者的关键，在于认知，关于企业管理的认知，而不在于学会了多少管理招式，或者拥有怎样的管理经验。认知帮助我们理解这一切是怎么回事。没有认知，那就还处在一种蒙昧状态，并难免盲从和盲信、偏听和偏信；认知错误，则所有的努力就都可能是错的；认知到了，才能看明白并正确把握很多事情。把事情做对，是取得成功的必要条件；但首先，我们要知道怎样是对的。

　　苹果公司联合创始人史蒂夫·乔布斯说：很久以前，有人给过我非常宝贵的教导，如果你在最高标准上做了正确的事情，利润就会随之而来；如果你有正确的策略，如果你有合适的人，如果你的公司有正确的文化，你会做出正确的产品，你会做正确的市场营销，在物流制造和分销方面你会做正确的事，如果你把这些都做对了，利润会随之而来。[1]乔布斯说得当然很对，但实现它需要一个前提，即我们要"能"把事情做正确，做到"最高标准上的正确"，我们要知道何为正确——而这来自认知，深刻的认知。

　　认知，亦是在真理的层次上讨论问题。对事物背后的结构、秩序和规定性的洞察，赋予我们正确的思路、方向和做事的方式，赋予我们进行评判的标准，向我们明示应然是什么，正如那海上的灯塔给人一种正确的指引，给我们一条心里的航线。认知让我们可以接近于正确。认知清楚了，

---

[1] 资料来源：尊品传媒公众号。

该怎么做其实就已经不再是什么难事了。世界运行在某种规定性之下。世界并非杂乱无章，而是井然有序，杂乱无章只是一种观感。达到真理世界的高度，你也就不容易再在现实世界中犯错（包括那些无谓的错误[①]），也不会在一些事情上游移不定。

企业终究都是在自己的认知的基础上进行构建，认知决定我们的实践水平和成效。也唯有认知型实践模式可以让我们不断取得新的进展。正如 SpaceX 公司创始人埃隆·马斯克（Elon Musk）所说：如果我们能够提高全世界的认知水平，并且做一些能扩大认知范围和规模的事情，那么我们就能更好地提出正确的问题，并变得更加开明，这是真正唯一向前的道路。

清楚的认知，可以使我们达到一种管理上的清醒状态，可以使我们在管理上的努力首先是在正确的路径上。正确是通向成功的捷径。当我们还没有行进在正确的道路上的时候，走上正确的道路本身更是意义重大。路径正确让我们获得整体上的最高效率。能把事情做对，我们就已经超越了绝大多数人。

超级成功者无不是在认知上出色的人，无不是认知型的。如果留意观察那些优秀企业家的谈话，你会发现他们重点谈论的都是对事物的认知，包括观察、分析、领悟以及对真相的发现。认知性习惯和认知性能力，差不多是卓越者的标配。就像苹果公司现任 CEO 蒂姆·库克所说的那样：总是提出各种问题，想要探知事物是如何运行的，好奇人是如何思考的，总在问为什么、怎么回事之类的问题。[②]

认知还可以清除那些观念上的淤泥，让我们回归正确的思维和实践模式。是河道就会产生淤泥，企业管理学也不例外。如果我们把一个学科比

[①] 正如我的一位网友所说：认知到自己能力有限，就不会继续为难自己；认知到人性的复杂性，就不会简单贴标签；认知到每个人都有所长，也有所短，自然就能接受别人的领导。

[②] 资料来源："全球商业认知"视频号。本书后文未注明来源的这类企业家言论，均来自这个视频号，此处统一说明，后面不再一一标注。

喻为一个河道，则可以看到，企业管理学的发展，是在不断地拓宽它的知识体系，但也在不断地制造观念上的淤泥——在传播和学科教化功能的作用下，一些观点性的东西会被广泛接受并默认为正确，即沉积下来；而其中有一些可能是错的，或者说是有问题的，它们就成了企业管理学河道中的观念淤泥。错误的观念带来观念上的错误，进而发展成行为上的错误，更糟糕的是，它还让人意识不到这种错误。

长期以来，对企业管理的认知又都是该领域最短缺的（心理）元素；到处传播的是关于企业管理的经验、观点、模式、策略、工具和方法。我的前两本书《管理即企业设计》和《战略性生长：该如何经营企业》中，包含了对企业管理的诸多基本问题的认知的论述，但是分散在各个部分，不是很聚焦，也没有充分展开。我越来越认为有必要再专门著书解决这个问题，因为它太重要了，尤其是对中国的企业管理者们而言——在学习者心理的作用下，他们教条化地接受了许多外来的东西，并将其视为当然和圭臬，认知和认知性心理元素的短缺现象更为明显，观念的淤泥也更为深厚。

从解决认知问题入手，也是管理者素质提升的最有效、最高效的路径。唯有认知可以让我们更接近于正确，唯有认知可以重塑我们自己——认知没有变，心智模式没有变，我们其实就还是原来的我们。认知可以拓宽我们的管理视野，没有更开阔的视野，我们也驾驭不了更大、更具复杂性、更高级的系统。认知构成我们的意识准备，没有那个意识，在面对问题和一个情境时，就不会产生什么想法，或者就不会产生那样的想法。意识准备很重要，意识是行为（包括意识行为）的先导。我们观察和理解事物的能力与我们的认知能力有关。一个建立起那种认知体系的人，也更能对别人的东西进行审视和吸收，并不被大量的碎片化知识所左右。

认知缺失，亦不能进行自我诊断，就如一个病人，只是感觉到疼或发烧（症状）了，却并不知道自己得的是什么病，更不清楚病因和病理，当然也无法进行自我救治。实践中有很多企业都能说出自身的问题（其实是症状，这个可以经感受而获得），可就是拿不出有效的解决方案，原因就是他们并不知道问题的实质和根本原因。

本书的功能之一是，帮助管理者们把企业管理的一些基本问题（issue）认知清楚、认知到位，帮助现有的管理者们进一步提升，帮助管理新手快速和高水平地进入角色。企业是企业的管理主体，提升企业的认知层次、管理者素质和在管理上的自为能力，才是企业管理问题的最基本、最务实有效的解决方式；企业是一个自我管理单元，管理是作为一个主体的企业的一项基本职能，企业自己应该是一个专家（而非业余）水平的企业管理者。

真正的管理学应该是以认知为中心，而不是以策略和方法为中心，更不能是以经验和观点为中心；在认知缺位的情况下，我们甚至都无法对一种方法的好坏和一个观点的对错做出评价。企业作为一类实践已经如此广泛和重要，对企业管理的研究也早已是汗牛充栋，但是关于企业管理的一些最基本的东西——包括管理的属性、范畴、底层逻辑、原理和框架，却至今仍未弄清楚，关于企业管理的认知这个领域至今少有人开拓。我想通过这本书补上这个部分，并为企业管理找到一些可以确信的东西和可以作为基点的东西，为作为一门科学学科的企业管理学的建立和整个企业界走向更高水平的管理实践打下一个基础。

最后，感谢我的研究生同学黄敏，他资助了本书全部的出版费用。感谢他对我的资助，更感谢他对管理学研究事业的资助！

王明春

2023 年 12 月 15 日于上海

目 录

1 管理到底是什么 1
  1.1 管理是被对它的需要定义的 1
  1.2 管理行为的两种成分 18
  1.3 管理方法≠管理 23
  1.4 管理设计的逻辑过程 26

2 谁是管理者 33
  2.1 大管理和小管理 33
  2.2 "机器"与人为模式的平衡 42
  2.3 管理层管理架构的问题 50
  2.4 直接管理主体原则 58

3 战略的自我决定论 69
  3.1 战略的要件是洞见 69
  3.2 战略的自我决定的特征会越来越明显 73
  3.3 要有战略运营管理意识 84

4 创新场论 87
  4.1 创新是一种"场"的产出 87
  4.2 工程师主导 91
  4.3 走出体制 97
  4.4 主题性与创造性惯例 104

- 5 最重要的还不是组织方法的问题 ··· 107
  - 5.1 组织跟随战略? ··· 107
  - 5.2 企业社会系统是组织功能的基础性构成 ·················· 109
  - 5.3 正确理解组织 ·· 132
- 6 个体实践方式 ··· 137
  - 6.1 企业都是以个体的方式发生的 ···························· 137
  - 6.2 是必然也是应然 ·· 139
  - 6.3 自我设计和管理者素质理念 ······························ 151
- 7 企业理性 ·· 155
  - 7.1 理性高于知识 ·· 155
  - 7.2 企业理性的构成 ·· 157
  - 7.3 企业理性提升的两个路径 ·································· 184
- 后记　王明春的企业管理学 ··· 187

管理到底是什么 1

1.1 管理是被对它的需要定义的

  社会性存在，根本上是被社会对它的需要定义的，这一点不言自明，却又往往不言不明；社会性存在的意义在于它为什么存在。反过来说，如果一个东西偏离了社会对它的需要，则它也就不再具有作为那种存在的意义了。站在一个东西自身的维度上是看不清这个东西的，我们需要将其放在其所在的体系中加以考察。人类社会是"被"创造出来的，是人类的需要与创造力共同作用的结果[①]。管理是一种社会性存在，它不是可以任由人定义的。我们须通过追溯它的起点的方式去对它进行分辨，并厘清它的本质和所指[②]。

  对于管理，我们可以做的不是去定义它，而是去理解它，任何定义都会有偏差。定义是我们把握事物的一种方式，但定义也使得事物在我们的观念中失去它自身。存在是可以被表达的，但又是无法被完全表达的，我

[①] 需要是一种原始的塑造力。企业也应善于制造和提出各种切实有效的需要，如生存、发展、创新、竞争、精益、人才、变革、以客户为中心等。我把这种不断地用需要对企业进行塑造的方式称为"需要管理"，实际表现为企业的一些决策既不是基于经验，也不是基于理论，而是基于需要。

[②] 对社会性存在的认知，首先要解决的不是认知本身的问题，而是该如何认知的问题。只有从来源那儿才能查清楚一个社会性存在的实质。社会性存也有它的自然起点，即人们对它的需要，这是一个逻辑性的起点——这种对社会性存在进行认知的方法论，我称之为"起点论"。

们无法用一种有限的语言去呈现一个无限维的存在。只有用存在本身去定义存在，这个定义才是准确的，如管理即管理，但这样一来，也就失去了我们定义它的意义，因为这等于没有定义。我们定义不了管理，但我们可以把它展开，以为我们提供一些更具体、更直接、更有用的指引。下面，即是从性质维度对管理的展开性论述。

1.1.1　管理是对管理对象的管理

管理源于对管理对象进行管理的需要，对企业而言，源于对企业进行管理的需要，如图 1-1 所示。管理都是有所指的，无所指的管理是难以想象的。为谁而存在是为什么而存在的基本构成。做管理，要有对象意识。不能就管理而论管理，而应该就管理对象而论管理，这是理所当然的。对企业而言，管理即对企业的管理，并成为企业的构成——正如建筑设计是对建筑物的设计，并成为建筑物的构成一样。企业对管理形成规制，是指企业提出对管理的需求和评价标准——万物皆不构成其自身的尺度，管理不能成为管理自身的评价标准。

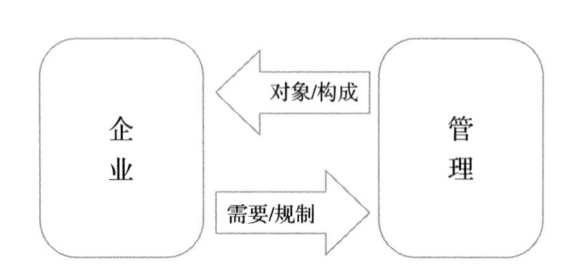

图 1-1　管理是对管理对象的管理

管理不是指对抽象管理对象的管理，而是指对实践中的真实管理对象的管理。管理的实践主义不是指向经验主义，而是指要以真实的实践为对象。无论是出于实践的目的还是出于学术研究的目的，企业管理研究需要的都是面对直接对象的一手性质的研究，而不是面对他人研究结果的二手性质的研究①。企业是人类的一种实践方式，面向实践，管理学才能成为一门实践科学。是研究对象规定了一门学科，没有无研究对象的"纯粹"的科学学科。科学的管理学自具实践特色，正如物理学自具物理世界的特色一样。管理是对管理对象的管理，这也意味着对管理对象（包括构成管理对象的管理本身）的认知，应被纳入管理的范畴，而且是作为首要任务。管理思考，应是一种与管理对象直接关联的思考②。深知管理对象的人，要比那些有很多管理知识的人，更具对该管理对象的管理能力，这是不用怀疑的③。

管理对象不同，适用的管理自然不同④。有一位管理者的独白，可以用在这里作为说明材料。

2010年，我在厨卫事业部担任营运与人力资源总监。当时事业部下面有7家产品公司，虽说每家产品公司都有独立的总监在负责，但作为事业部管理部门，仍然要有统一规范的管理。然而，我错就错在"统一规范"上了。

---

① 包括在别人建立的思维和框架下的实践研究——带着一种眼光看世界，世界便已失去了它的一手的性质。严格来讲，对别人创造的知识本身的研究，不属于"研究"，那更接近于一种知识"消费"行为。

② 这也是实践者的看法和意见往往比学者们的看法和意见更为靠谱的一个原因，他们不会脱离管理对象思考管理问题。

③ 马化腾说："创业之初，20岁的时候我是一个非常内向的程序员，我不喜欢管人，不喜欢接受采访，不喜欢与人打交道，独自坐在电脑旁是我最舒服的时候；我周边的人，我父母，包括我自己都不认为我会办一个企业，管一个企业，因为怎么看我都不像这样的人。"我们可以看到，那些创造了一家卓越企业的人（如乔布斯等）都甚至给人感觉不怎么擅长"管理"——这其实也说明了管理能力的核心构成并不是那些看得见的管理的技艺部分。

④ 对于那个所谓的"中国式管理"的说法，我认为其是把管理和管理对象割裂开来看问题而产生的一种错觉。照它那个逻辑，我们还要把作为一个领域概念的管理再区分出"苹果式管理""谷歌式管理""奈飞式管理""特斯拉式管理"，等等，这不是很可笑吗？管理对象不同则适用的管理方式不同，这是管理本身已经包含的一个意思。"中国式管理"的提法是十分有害的，它在制造一种经验性质的"规范"，这将导致对自我的误导和局限。

7家产品公司，规模大的在20亿左右，小的仅有1个多亿，发展阶段和主要矛盾完全不同。作为管理部门，我们虽然做出了不同的管理要求，但更多的只是停留在数量和程度上，而不具备更强的针对性。例如对人效的考核，只是对大的产品公司指标更严，小的产品公司指标宽松一些。实际上刚刚起步的产品公司，更多的是要解决市场和产品的问题，而不是人效的问题，人效指标完全可以不用考核。出现这样的问题，主要是由于当时做管理，不太懂每一家产品公司的具体业务，至少是没有站在业务发展的立场来做管理，看似管理力度很大，执行力很强，实则是一种变相的"一刀切"。

管理是对管理对象的管理，即意味着不能忽视管理对象的个体性和差异性。世界是复杂的，我们不能渴望一个简单的标准答案。一位企业高管在分享变革经验时说："我们在进行每一项管理变革的时候，都会看一看行业内的标杆企业是怎么做的，但同时，我们不会简单地采用拿来主义，不会简单地照搬，在推行的过程中，我们会不断地研讨，不断地演练，结合我们的实际情况，做出具有我们特色的变革。"对于这种情况，我认为仅仅一个"务实"是涵盖不了的，它代表的其实是一种实践的"正确"方式。特别需要加以说明的是，每个人都是一个独特的管理对象，对人的管理也是企业管理中最为复杂、工作量最大的部分；如果想把每个人的潜能都充分挖掘出来，就要以每个人为管理对象，而不是简单地以分群或分类的方式进行管理——那种管理太粗糙了。

"我"是"我"的一个前提，再具体一点说，"我"是对"我"而言何为正确的一个前提。别人的经验是不能直接模仿的，因为那是"别人"的经验，还有一个主体差异的问题。苹果公司可以在全球招募人才，而你的企业给出同样的条件未必有人问津，更何况你也给不出那种条件。主体差异是根本性差异。在一个管理的逻辑性体系中，主体是"大前提"。去除主体的经验总结，属于消减前提得出的结论，适用范围被严重扩大，这些结论会给人造成误导，它们是一些貌似正确的谬论。承认"管理是对管理对象的管理"，也是对一般管理思想、管理的"规范"主义和管理供给模式的根本性否定。实践的多样性，并不是对管理学是一门科学学科的否定，正如事物的运动多种多样并不是对力学定律的否定一样——相应的，那种认为管理应符合某种一般形式和做法的一般管理和规范管理思维，与科学无关，它其实是反科学的。

另外，对企业家而言，企业管理是对企业的管理，而不是"我"对企业的管理。"对企业"和"我对企业"是两个不同的维度；很多企业家会不自觉地误入"我对企业"的维度。"我对企业的管理"，自带"我"的局限。很多企业发展不起来，一个原因就是企业家太"我"了。企业家还要承担站在更高的层次"对企业"进行管理的职能。企业家不只是一个普通的管理者，还有一项作为"企业的上帝"的职能。建立对企业的认知，有助于企业家站上这个层次。

1.1.2 管理是一种有意识的人为，是一种成分而非一项职能

面对一个事情，我们想着该怎样去做才是最有效的，这就是在做管理；在做产品时，当我们考虑一个按键放在这里还是那里，或者要还是不要时，我们也是在做管理——管理，是我们的每一个有意识行为中的一种成分，是有意识的人类行为的基本构成。每一项有意识的活动中都包含着人的选择、决策与设计的成分，或者说，管理的成分，每一个有意识的活动主体都是管理者——事情原本如此。如果是有意为之，则"无管理"也是一种管理。管理是行为主体的一项技能，也应该以企业中各类主体的一项技能的方式存在。

对企业而言，要调动起每个人的管理者意识和有效的管理性行为。每个人的这种有意识的行为本身可能很微小，但是经常性发生的，它们像海洋中的浮游生物一样，构成整个海洋生态系统的基础——对许多企业而言，应该做的倒不是什么高大上的模式或方法上的变革，而是改善其整个管理

生态系统的这种基础。管理，不只是那些模式、工具和方法，也不只是战略、组织和各种制度与表单，而是一种有管理效果的行为。

管理的原始形态，就是人们对事情做出的自然反应，就是人的自然理性。经常性起作用的和企业管理形成的基础，就是这种反应。这种反应能力每个人都有[①]，只是对企业而言，要提高这种反应的质量和水平，并使其符合企业的需要。"管理是一种有意识的人为"的认知，也打开了企业管理提升与改进的广阔空间：企业中每一个人的每一次行为（甚至包括态度和情绪）。同时，企业的现实做法都有其"自然"反应的成分。一般而言，成功企业的管理必定是具有自然的符合性的，也因此，对其进行"改造"时要特别谨慎[②]。

我们需要把管理从企业中区分出来，这种区分是有意义的，正如我们把构成物质世界的元素分别区分出来的意义一样。但要注意，是区分开来而不是割裂开来。不能割裂管理与管理对象的这种关系。管理是企业系统中的一种成分。

管理，是叠加在企业性活动之上的一种行为，是作为整体的活动中的一种成分——我把对管理的这种认识称为关于管理的"成分说"；还有一种观点，也是长期以来被熟知的一种观点，认为管理是一项职能——亨利·法约尔、彼得·德鲁克等都这样认为，我称他们的这种说法为关于管理的"职能说"（见图1-2），这是一个错误。法约尔们的贡献是显而易见的，但其对我们造成的误导更大。从我们把管理视为一项职能开始，我们在管理上就走上了歧途，管理学也就走上了歧途。它把作为一种内在构成和品质的东西，变成一种外在的添加，而且使得一些所谓的管理经验和方法成为一种共用和被滥用的管理的器物。它制造了许多的管理"大师"，却在人们的意识深处埋葬了管理的科学性和工程性。以一种专项职能的方式进行管理，不可能产生

[①] 正如你发现路上有个坑，你会选择绕过去或跳过去。

[②] 有企业在发展到一定阶段后，想通过引入更先进的管理提升发展层次，结果弄巧成拙，很是可惜，一个典型的例子是1998年福建实达集团聘请麦肯锡管理咨询公司做管理咨询，结果导致企业年年亏损并被特别处理（ST）。

有效的管理，因为那是一种管理与管理对象分立的状态。

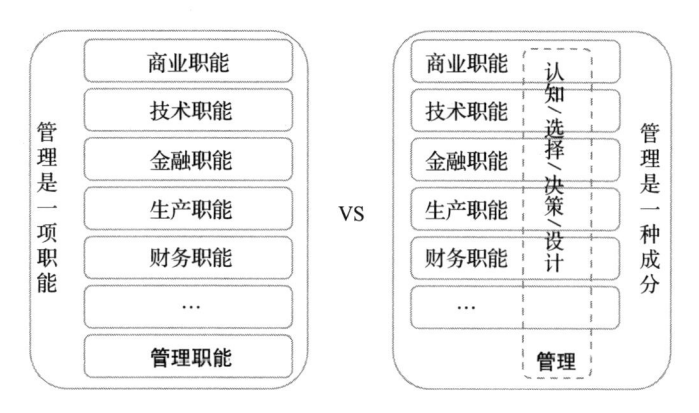

图 1-2　关于管理是什么的两种理解

而且，与管理对象割裂后，一般管理思想和管理的规范主义[①]、教条主义便能登堂入室；管理的专职化、工具主义，以及那种就管理而论管理的模式和建构性思维等也都是由此演化而来的。一般管理思想和管理的规范主义，与正确的管理实践模式正好是反着的：一般管理和规范管理要求管理对象接受一种管理模式（从 B→A 的模式），而正确的管理实践模式应该是根据管理对象"定制"一种管理模式（从 A→B 的模式）。在一般和所谓的规范管理思维下，管理与管理对象的冲突，管理（学）与实践真实的冲突是必然会出现的。一般管理思维，好比在意识中，要为所有人提供一款标准化的衣服，而不顾及婴儿、老人、男人、女人、高矮胖瘦等不同。换句话说，在一般管理思维下，绝大多数主体的管理需要得不到有效回应，因为只可能是极个别人、在特定年龄阶段碰巧是那种"标准"身材。

把管理视为一项职能，还导致管理者们总是惯于接受一种外来的投喂，或者总是寄希望于从外部寻来一种管理方案。他们把自我变成一些管理概念、模式、策略、工具、方法和所谓的"管理标杆"的"消费者"。他们总

[①] 规范主义管理学的产生，还与人们的一般正确性思维有关。

7

是表现为要把那些东西直接拿过来用，而对自我的意识和认知则是处在一种麻痹的状态。他们读别人的书读个不停，却几乎从不去读自己的企业这本"书"。而事实上，问题的解决框架应来自问题本身——事物等于事物本身，框架来自我们对事物的解构，而不是另外的赋予；偏离、超出或小于事物本身的框架都是不适合的。

把作为一种成分的东西抽取出来，再去与对象生硬地结合，这正是目前的企业管理学在干的事儿。把管理视为一项职能，是对管理与管理对象的基本关系的扭曲。工具主义及工具式的管理产品开发方式，如ERP，都与关于管理是什么的这种观念有关，他们把管理看成相对独立的企业组件。还有一些管理者总想着从别人那里学个一招半式，这也是因为他把管理理解成了一种工具性的东西，认为其是可以直接拿过来用的。

把管理视为一项职能，已经注定了管理的尴尬，以及管理学无法发展成为一门科学学科——因为它导致对管理的研究失去了正确的对象和技术路径。可以说，它是关于企业管理的一系列错误思潮，以及诸多企业管理问题的根源，并将企业管理学引入了歧途和死胡同。

1.1.3 管理是对有效性和效率问题的解决

管理是管理者针对管理对象施加的一种作为。这种施加是有目的的。对企业施加管理的目的当然是获得最佳经营效果，也即提高企业经营的有效性和效率性（或"经济性"），这是管理的原始意图和我们对管理的根本需求。去处即来处，管理应该怎么做的答案和评价标准同样来自我们为什么需要管理。每家企业都有追求成功的需要，但没有有效的管理，这一点是很难实现的。所有有效的管理创新，必然都分布在通向更具有效性和效率性的那个路径上。

建立评价标准是最难的，也是最重要的。拥有万千个答案，都不如拥有那个评价标准。建立正确的标准，有助于对自我的东西进行审视，以及对抗那种不自觉地以自我为标准的常人的心性。如果我们不及，它让我们可以知道我们还不及；如果我们不对，它让我们可以知道我们不对，而不至于在不及或不对的地方停下来，并以为自己对了。评价标准对应的是我们出手的东西的最低品质。正确的评价标准对我们具有牵引和指引作用，它会把我们与正确答案之间的差距清楚地显示出来。这就像如果不是因为见过大规模、机械化的现代农业，一个农民可能永远想不到他所从事的那种原始农业有多落后；如果不是因为见过现代民主政治，我们可能也不会觉得帝王统治的封建社会制度有什么不对。

不能以"做了"来评价管理性工作。以"做了"作为评价标准，还容易使管理落入一种习惯性的套路模式，并将这种套路式的操作本身视为当然。2013 年，诺基亚时任 CEO 约玛·奥利拉在记者招待会上公布同意微软收购诺基亚大部分手机业务时，最后说了一句话："我们并没有做错什么，但不知为什么，我们输了。"我想，当他在说"我们并没有做错什么"的时候，他其实是在说"我们都是按那种通行的方式做的"。这就是关于对错的认知的症结所在：按一种通行的方式在做就肯定是对的吗？有效的做法才是对的，而不是任何一种习惯性的做法是对的。

就像有人说埃隆·马斯克和史蒂夫·乔布斯一样，他们真的不在乎他是不是在工作中冒犯了谁，吓到了谁，只要他能推动他们完成任务——完成那些他们最开始认为不可能完成的任务就可以了。经常能听到一些企业家有些不好意思地说道："我们的管理可能不规范。"这都是中了管理的规范主义的毒所致。企业应追求的是，"不拘一格"（No Rules Rules）创造业绩奇迹。正如埃隆·马斯克所说的那样："我们在寻找任何能够提高成功的措施，无论大小，也不管是谁提出——实习生、我或是其他人，这都不重要。"

亦如马化腾所说[1]：世界是很残酷的，这个变化是非常大的，触目惊心

---

[1] 资料来源：根据优酷视频资料整理。

的，多大的巨人随时都可能倒下，倒下之后你一摸，体温还是热的。所以再大的巨人都要战战兢兢，因为前面的路非常难走。所以我们看到有一些公司，在移动互联网发展的过程中跟不上，就会掉队，对腾讯来说也一样。我们当时有QQ了，也有手机QQ了，为什么还会有微信，为什么还要做另外一个功能一样的东西呢？就是因为我们看到这里面有一点点不同，纯粹的手机应用和PC手机混搭的会很不一样，所以我们当时很紧张，内部有三个团队同时做，都叫微信（Wechat），谁跑赢就算谁的。大家不敢怠慢，不断地打磨，公司的高层全部扑上去，深夜就在自己的微信群里讨论，什么地方用起来体验不好，立马就改。高强度研发的一个月的时间，是生死攸关的时刻，因为另外一家对手也到了生死关头，他们赌我们不会那么快，而我们还真就那么快。所以往往最危险的时候，就是很短的一个时间。一个企业，（如果）是领导在上面，让下面的团队去做，那你是怎么死的都不知道。

管理，只以有效性和效率性为评价标准，如果有更有效（率）的方式，那就应该用更有效（率）的方式——英伟达（NVIDIA）公司的CEO黄仁勋说过这样一段话，可以用来作为注脚："当你有一个商业战略，为什么只告诉一个员工？应该通知所有员工。当我们通过'头脑风暴'制定好战略，完成未来发展的计划的时机成熟的时候，我会发送给所有的员工，或者告诉他们这一战略。员工会给我反馈，我也会不断完善。我们公司十分扁平，员工拥有足够的知情权，能充分了解公司的信息，同时快速处理事务。事实证明，直接通知员工，而非一级一级地沟通，能够实现公司的扁平化管理，信息也能更快传递。这种管理方式的构想很好，实施起来效果也不错。我们公司没有业务部门，员工像一个整体一样开展工作。这种扁平化的管理结构，能够加速我们公司的进程。"

以"有效性"为标准，就会发现之前的很多做法和根深蒂固的观念，都是错的。许多的争议，也都是因为评价标准的缺失或不一致而产生的。

明确了管理的功用，也就明确了管理作为一个学科和技术领域的发展方向。

1.1.4　管理是一种方式、工艺、算法和理性

管理，性质上是一种方式，即完成各项任务的方式，包括生成这些方式的方式。企业是由创造价值的方式与创造的价值本身共同构成的系统，正如宇宙是由创造宇宙的方式和创造的结果构成的一样。因为企业本就是一种方式，管理是对这种方式的设计，例如企业可以自己完整地开发手机，也可以用别人的零部件组装手机；可以向下搞产品，也可以把技术许可给别人——这些都是方式，方式的选择与设计就是管理。既然是方式，总是可以设计和再改进的。

管理亦是一种工艺，是企业的经营工艺和各种事项的"生产"工艺。因项目、目的和条件不同，各有各的最佳工艺。不同的设计（如制度），输出不同的结果（包括效率），这是人们大都已经能认识到的。这种"工艺"要具有"工艺"性，即可以确定地实现它的设计目的。企业管理上的设计应达到类似于技术"工艺"的水平，否则，都属于不靠谱的设计，不靠谱的设计是没有用的，而且会导致白白浪费资源。优秀的管理者，一定是具有科学家和工程师素质的人。管理设计本身，是一项"技术"活儿。

更精确地说，管理是一种算法，包含经济性上的计算[①]。有些计算的是局部的合理性，有些计算的是整体的合理性，不一而足。同一件事情，不

[①] 比如在《不拘一格——奈飞的自由与责任工作法》（里德·哈斯廷斯、埃琳·迈耶著，中信出版集团出版）这本书中，奈飞公司对"取消费用管控"是这样说的：员工的自由消费可能会增加企业成本。但相较于超支所增加的成本，员工自由所带来的收益会更高。再比如，春秋航空创始人王振华在谈到他当年卖1元机票的时候说："人家说是噱头，我说我是必须这样做的，当时批给我的航班飞机是从上海飞到济南，再返回上海是夜里12点，有谁会选在夜里12点回到上海？飞机完全空着，票始终卖不出去，我就在济南卖1块钱的机票，一下子就把我的飞机装得满满的，不管怎么说，燃油费（当时大概要50~60元）有了，50~60元也是钱呐，比完全空着回来要好。"

同企业可能有不同的算法，不同企业也需要有不同的算法[①]。我们经常所说的这个模式、那个模式，都可以理解为这类方式或算法的一种。管理创新，即一种试图发现比之前更好的新的方式和算法的实践。站在另外一个维度上又可以说，管理是一种理性——关于这一点，我将在本书第7章《企业理性》中进行详细讨论。

1.1.5　管理是一类设计性活动，是一种设计

从活动的属性上看，管理是一类设计性活动；从结果的属性上看，管理是一种设计。有意识的人类行为，从结果上看，就是有设计（包括选择）的人类行为。存在，如果是被人为制造的，那它亦是被设计的。设计的好坏与水平，决定管理对企业的价值贡献。差强人意的设计，也只能得到差强人意的结果。

如特斯拉认为，福特汽车发明流水线生产汽车已经是100多年前的事情了，但目前这种方式还在继续流传，汽车产品需要安装一个又一个零部件，这个过程非常愚蠢。经过这些年的尝试，特斯拉持续革新汽车的生产流程，将设计、工程化和生产制造同步考虑。具体而言，生产流程方面，Model Y是特斯拉首次尝试使用一体化压铸结构件的车型。而对于下一代汽车，特斯拉表示想采用"一次性组装"造车模式：首先减少汽车零部件数量，采用一体化压铸；同时，特斯拉认为车的底盘应该是车的一部分，电池就是底盘的一部分，将座椅放在底盘上是最合理的方式，即此前公布的CTC技术；然后将车头、车尾，还有带座椅的电池底盘同时组装上零部件，最终将这些部分一次性组装完成。简单来说，就是把一条流水线拆成了几

[①] 如特斯拉公开专利技术，我认为它这样做的一个计算是：可以吸引更多汽车品牌进入新能源汽车行业，提高电动汽车行业的整体制造水平，使之在数量与质量上形成强劲的竞争力，获得行业发展空间，这个收益比收专利费等的收益更大——因为对于处在初始阶段的电动汽车而言，其面临的最大的发展问题是与燃油车行业竞争的问题，包括各国的政策壁垒。

条流水线同步作业。这样带来的好处是，不但可以提高 30% 的效率，同样的产能，工厂面积缩小一半，制造成本也会大幅降低。

　　管理始于人们的一种思考，是人们的一种智力活动。企业管理的改进，体现为一种更好的设计或实际做法（非正式设计）。也有许多管理问题是由于我们的人为设计而制造出来的[1]。要想得到不一样的结果，则需要修改相应的设计，甚至包括系统的底层结构[2]和"源代码"。"合适的人 + 有效的自我设计"，也许就是企业成功的秘密。

　　关于管理是一种设计的认知，在我的《管理即企业设计》一书中，已有详细的论述，这里不再重复，只补充以下四点。

　　第一，任何事情都是可设计的，并可以通过设计解决问题，包括那些看似无解的问题。这里我举一个美国国会代表权设计的案例：在建立联邦政府体系的制宪会议上，关于在国会的代表权问题，人口众多的大州更倾向于按照人口数量推选国会议员，而小州坚决拒绝，他们更倾向于一州一票，否则自己难免沦为大州的附庸，于是，号称"大妥协"的折中办法产生了——大家根据弗吉尼亚州的方案，提出了一个两院制立法机构，其中众议院以人口多寡为基准，参议院则各州拥有平等的代表权，这一妥协让大小州都满意。再比如，创新的实际价值难以准确评估，但有企业采用"重复奖励"的办法解决了这一问题，即根据当期产生的价值进行奖励，后

---

[1] 企业管理中，这类情况有很多，例如：官僚制组织的设计必然导致官僚主义的问题；部门化设置必然导致部门墙的问题；业务和业务管理的割裂（包括分设业务部门和管理部门）必然导致所谓的管理线不能有效地服务于业务线的问题；管理层与被管理层的划分必然导致二者的对立；等等。如果不是那种设计，那些问题自然就不会有。对这类人为造成的问题的解决，就是对之前设计的去除和重新设计。在一个官僚制组织中反官僚主义，在一个部门化的组织中推倒部门墙的努力，注定是徒劳的。重复的问题和问题的重复一定会是前仆后继的，我们真正应该做的是去除造成它的原因，而不是忙于各种补救。

[2] 没有这种修改，就还是原来的系统（如中国几千年王朝的更替）；不包括这种修改的变革，不会取得成功，只会造成额外的冲突和混乱。管理变革，应遵循系统底层逻辑转换和秩序扩散这一基本路径。

来如果发现有更大的价值，则再度进行奖励。

第二，企业的每一款产品、每一个推广页面、每一个场所等，也都需要设计，这些都属于管理。良好的设计会产生价值。Airbnb 的 CEO 布莱恩·切斯基说过这么一段话："乔布斯说过，设计不只是设计外观，还要设计事物的运作方式。当你意识到一切皆可设计时，你设计的就不只是一个程序或网站，你设计的是一家公司。原本我们的办公楼大厅的墙上挂的都是我们在世界各地租房的照片。人们一进来，看到这些照片会夸赞。但我们一直隐约觉得，肯定有比这更好的宣传方式。有一天我回家，路过家具店的橱窗，橱窗在晚上亮起灯，落地窗后面是展示用的样板间，橱窗里重现了一个房间。于是我突发奇想，如果我们的会议室其实是温馨的家会怎么样？我们的办公区可以完全重现我们在世界各地的租房，我们最终决定这样做。我给房东们发邮件，问他们介不介意我们在办公区重现他们的家。征得他们的同意后，我们真的重现了房东们的家。你走进我们的办公区，其实就是一个个温馨的家，甚至不需要花很多钱。成千上万的人跑到我们的办公区来参观。在招募人才时，办公区也成了巨大的优势。"企业管理的实际边界就是看它把哪些东西纳入设计范围，如当年的杭州娃哈哈集团通过"联销体"模式把经销商纳入管理范围，并实现了对他们的有效控制与激励；企业管理的边界，可能会大于或小于企业实体的边界——把与更多的相关外部主体的关系纳入管理范围，对其进行有效的设计和管理，是企业进取的一个表现。

第三，有很大的创造性设计的空间。设计空间的大小取决于我们在意识上拓展出的空间的大小。而且，随着商业世界的复杂性的增长和范围的扩展，这种创造性设计的空间客观上也会越来越大。这里举一个谷歌（Google）公司的例子：针对员工的意外死亡，谷歌自 2012 年起就推行了一项名为"死亡抚恤"（Death Benefits）的规章，只要是谷歌的正式员工，无论任职多久，哪怕刚刚到岗一天，如果不幸身亡，谷歌会向其配偶或家属继续按月发放其 50% 的月薪，最高持续 10 年。另外，如果去世员工有孩子，每个孩子每个月也会收到谷歌发放的 1000 美元教育补贴，直到年满 19 岁。这也和员工是否因工死亡无关，就算是在家里看电视时猝死，也将无条件自动触发这些权益。这是谷歌和保险公司共同开发出来的一款人寿保险项目，谷歌给每个员工都买了一份定期保险，一旦员工在定期内死亡，保险公司将启动赔付，而谷歌只需要每年为每个员工付出 1000 美元的保费，覆盖对象为全体员工，补偿还包括 3 倍基本年薪的理赔额、所持股票立即行权。谷歌的发言人说：根据统计，这项制度给公司带来的收益高于支出，因为显著降低了人才流失率，同时也提高了绩效。"

第四，凡事总是存在另外一种设计[①]，或更好的设计的可能。管理不是一种套路，更不是某种定式，而是一个可以有很大作为的设计领域。企业的经营、组织和方方面面都是可以设计的，也都是需要设计的；都有设计空间，并都可以有很有针对性的有效设计。管理是企业用以实现目的的一种力量，这种力量是可以通过一种良好的设计获得的。设计不同，则输出的结果不同，或者说，不同设计本身产生的价值不同——如果把一个国家理解为一个企业，把社会制度理解为它的管理，则可以看到的是，美国通过制度设计发展成为如今世界的超级强国，苏联则因为它的制度设计走向衰落和崩溃，而中国通过改革开放（包括制度变革）实现了一个时期的高速发展。一个企业，当我们把它看作它的现实状态的时候，则好像也就这样了；但当我们把它看作一种可能性的时候，则它有无限的可能，它接下来的状态取决于我们的创造和创造性设计。

对以上论述，做个总结，如图 1-3 所示。

[①] 如我的一位朋友分享她在美国生孩子时看到的美国妇产医院跟中国的同类医疗机构的不同：首先，那里的医生和医院是合作制，医生有可能不单与一家医院合作，门诊都是在医生自己的诊所，做手术是去他合作的医院，孕妇可以先选医生，也可以先选医院；其次，医院的费用是打包的，即使孕妇在生产过程中发生了各种问题也都是这个价格。再比如世界各地的股票交易所的交易机制设计，可能有几十种，而且还可以有更多。

> **管理到底是什么**
>
> □ 管理是对管理对象的管理
> □ 管理是一种有意识的人为,是一种成分而非一项职能
> □ 管理是对有效性和效率问题的解决
> □ 管理,是一种方式,是一种工艺,是一种算法,是一种理性
> □ 管理,是一类设计性活动,是一种设计

图1-3 管理到底是什么

如果连管理是什么都还没搞清楚,甚至搞错了,怎么可能把管理做好?对管理的认知,毫无疑问,是最大的管理理论问题。作为一个管理者,对管理不能是一种一知半解或盲信的状态。对管理是什么的理解,生成我们关于管理是什么的观念,并关乎我们的管理思维,这些将注定我们在管理上所能取得的成就。

最有效的和最具效率的做法,就是对的,就是规范的;否则,就是错的,就是不规范的。就像OpenAI联合创始人山姆·阿尔特曼所说:结果才是最重要的,不要让好的过程成为结果不好的借口。没有什么是必须维护和保持的,除了可以使任务更高效地完成[①],除了有利于企业的生存和最大可能的发展之外。我们也不能因为是在使用某种管理方法(如目标管理),就认为管理就是这个样子;我们不能把管理的实然当成管理的应然。要符合管理的目的,而不是管理的范式。那种一般管理思想和我们长期以来被灌输的规范管理的观念,都是错的。如果再考虑到发展性,就更不能规范了,因为规范包含着某种程度的固化和僵化,规范性与发展性是相互矛盾的。所以,正确的不是那种从一般管理发展而来的规范性管理的观念,而是规范不可能性

---

① 如在安排任务时,黄仁勋会要求员工考虑"光速"。这不仅意味着快速行动;相反,员工应该考虑一项任务可以完成的绝对速度,然后朝着可实现的目标逆向努力。

的观念[1]。同时，也唯有自我设计才能匹配企业的个体实践方式，才能把人们的创造性潜能和可能的创造性空间释放出来，并使得企业和管理总是呈现一种进化的状态。管理者，首先是设计者，是方案的提供/出者。作为企业设计者的管理者缺位，或者能力不够，是很多企业存在的一个隐性问题。

传统管理学赋予"管理"的基本含义是"指挥与控制"，这给人们造成了很大、很严重的误导与局限。管理的本质肯定不是"指挥与控制"，因为那显然不是人们开展企业管理的目的（正如老师在教室里把学生"管住"，使其不吵不闹、规规矩矩不是目的，把学生培养成人才才是目的，因此，完全可以有与那种秩序井然和按部就班不一样的课堂）。错误地定义管理，必然造成对正确的管理的背离。管理有管理的"本分"、企业有企业的"本分"，它源于作为企业和管理的内在规定性。应回归对企业和管理的需求的本质，去除任何形式、经验和观念上的束缚，获得最大的可作为的空间和自由度。同时，不断地回归企业的本质，才能基业长青；不断地回归管理的本质，才能卓有成效。

关于管理，我们需要一次观念革命，其实质是让管理向管理的本意（original meaning）回归。观念参与我们的思维过程（thought process），会导致产生"观念性偏差"。心怀一种错误的观念，还不如无观念，这是当然的。如果不能去除头脑中的错误观念，事实上，我们将不会再进步，也解决不了由于这些观念的原因而产生的问题。观念是一种我们在主观上接受了的东西。走不出那种错误观念，便会一直在那种"程序"下运行[2]。

---

[1] 我称之为管理的"不可规范原理"。

[2] 人的观念，习惯，以及行为方式，都是一个个固定的"程序"，一旦形成之后，就会反客为主、"自动播放"，这是人类思维的一个特点。此刻，"程序"的特性就是你的思想。人极易被自身形成的观念反作用。当人形成观念的时候，观念就是人的一部分。人往往是处在"程序"的主宰之中，却不知道"程序"的存在。若要察觉某个"程序"的存在，须有个前提：从这个"程序"中跳出来，而不能处于这个"程序"当中。——摘自网友（网名：驰骋过处 晓风残月）的笔记。

1.2 管理行为的两种成分

弗雷德里克·温斯洛·泰勒曾对科学管理做过说明：科学管理不是任何一种提高效率的手段。它不是一种新的计算成本的制度；不是一种新的付给个人报酬的方案；不是计件工资制；不是奖金制；不是对一个工人进行观察并把他的情况记录下来；不是工时研究；不是动作研究或工人动作的分析；不是印制一大堆表格并对工人说"这就是你们的制度，拿去用吧"。它不是分工工长制或职能工长制；不是普通人在谈到科学管理时就想到的任何一种方法。普通人每当听到"科学管理"这个词时就想到一种或多种这样的方法，但科学管理却不是任何一种这样的方法。我并不是贬低成本计算制度、工时研究、职能工长制、新的更好的工资报酬制度、任何一种提高效率的方法（如果它们的确能提高效率），我相信这些。但我强调的是，这些方法的全体或其中一部分并不就是科学管理。它们是科学管理有用的附属物，正如它们是其他管理制度的有用的附属物一样。

从实质上说，科学管理是任何公司或产业中工人方面的一种切实的精神革命——是这些工人在对待他们的工作职责、对待他们的同事、对待他们的雇主方面的一种彻底的革命。它同样也是管理当局（工长、监工、企业主、董事会）方面的人的一种彻底的精神革命——是他们在对待职责、对待他们在管理当局中的同事、对待他们的工人、对待他们所有的日常问题方面的一种彻底的精神革命。如果没有这两者的彻底的精神革命，科学管理就不会存在。科学管理的实质就是这种伟大的精神革命。

在科学管理下，双方心理态度上发生巨大变革的结果是，双方都不再把盈余的分配当成最重要的事情盯住不放，他们都把注意力转向增加剩余的总量，直到这个总量大到无需为怎样分配而争吵。他们会发现，当他们不再相互较劲，而肩并肩地共同朝一个方向努力时，他们共同努力创造的盈余额真是大得惊人。这样，工人的工资会有很大的上升空间，制造商的利润也会大大增加。先生们，这就是伟大的心理革命的开始，是实现科学管理的第一步。

管理的主要目标应该是使雇主的财富最大化，同时使每一位雇员的财富最大化。科学管理坚信：雇主与雇员的真正利益是一致的，除非实现了雇员的财富最大化，否则不可能永久地实现雇主的财富最大化，反之亦然；同时满足雇员的高薪这一最大需求和雇主的低产品工时成本这一目标，是可能的。财富最大化只能是劳动生产率最大化的结果。工人和管理者双方最重要的目标是发掘和提高企业中每个人的技能，以便每个人都能尽天赋之能，以最快的速度，用最高的劳动生产率从事适合他的等级的最高的工作。[1]

之所以摘录泰勒的这段论述，是因为这段论述也道出了管理行为的两个基本构成——目的与方法，包括二者关系的性质。管理有其目的，比如泰勒认为的"使雇主的财富最大化，同时使每一位雇员的财富最大化"，且目的才是问题的关键；而计件工资制、奖金制、工时研究、动作分析、工长制等，是管理的方法，方法并不是科学管理的实质。我们需要对管理行为做进一步的解构，这样才能看明白、讨论清楚很多关于管理的问题，这样才能建立起讨论管理行为问题的有效的基础[2]。图1-4展示了我对管理行为的这种解构。

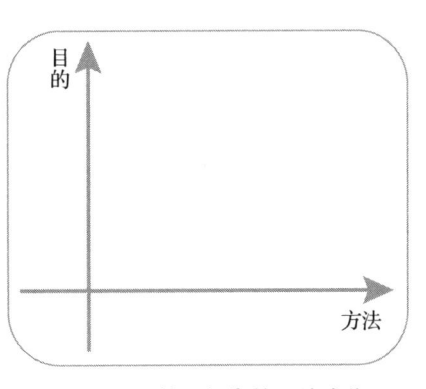

图1-4　管理行为的两种成分

企业管理应以目的性为原则。目的是我们要追求的东西，是目的使我们产生对管理的需要，企业管理当然应该是以目的性为原则和目的导向的。特

---

[1] 弗雷德里克·温斯洛·泰勒.科学管理原理[M].马风才, 译.北京：机械工业出版社, 2014.

[2] 对管理的研究，同样适用"第一性原理"的方法。第一性，即事物的属性和最底层结构。

定企业的管理，同样符合"被需要塑造"的基本范式。目的导向而不是方法导向，这是做管理的正确思维。从对象和目的出发，而不是从管理方法出发，这是事理。管理的指向即对管理设计的评价标准，换句话说，目的即标准。正如我们在开发产品时，一定是需求导向而不是技术导向是一个道理。再高大上的、流行的管理模式、工具和方法，它也是方法[①]，而不是企业管理要追求的目的本身——实践中确实有人总是一上来就谈方法，甚至眼里只有方法，这是错的，是在企业管理上还没有入门的表现。不能有对工具的崇拜（心理）。对目的理解的正确性和深度决定我们的管理设计的偏离程度，正如对疾病的诊断的正确性和对病理的认知深度决定医疗方案的偏离程度一样。这也是KPI等管理工具正遭受越来越多的诟病的原因之一——在这种管理方式下，目的被置换成了一些指标；对目的的追求被转换成对那些指标的追求——这容易导致偏离目的（肯定有偏离，差别仅在于偏离程度的不同）。

就企业与管理的关系而言，企业是目的。管理的目的就是实现企业的最大可能。以实现目的为第一原则，包括以解决问题为第一原则。正如黄仁勋所说："因此我决定我的公司，要最大限度地促进协作，重复利用我们已有的资源，把解决问题作为第一准则。无论是我们成立的公司，还是我们推出的产品，抑或我们建立的组织，我们必须想清楚，我们在努力改进什么，我们想要机器做出什么产品，我们想要这台机器怎么运转，以及这个组织成立的目的是什么？"

做管理，首先要在问题和需求理解上下功夫。你的目标越清晰、越具体，你就越有可能实现它；你对问题的认知越深刻，你就越有可能解决它，这是不言自明的。明确的目的下的行动，也是最具效率和创造性的。目的决定方法，决定整个管理行为。管理行为的核心内容是为什么管理，而不是管理方法本身。管理本身不能成为目的，也不能倡导或主张一种管理模

---

① 模式、工具都属于广义的方法。

式——这些都是对管理的反动。下面摘录一个案例：

2018年，笔者作为日本精益生产考察团随团导师一起到京瓷、丰田等著名企业学习，其中丰田公司的一个配套厂给笔者留下了深刻印象。这家叫"三船工厂"的汽车零部件企业，规模不大，只有128名员工，其中正式员工56名，其他是临时工或钟点工，企业没有一名专职质检人员，每年生产1200多种零部件，一个月要生产800多万件成品，生产周期为5天，全年不合格品不超过5件。如何保证整个生产过程高效高质、有条不紊地进行？笔者感到很好奇，询问工人是否有奖金时，三船工厂老社长梅村先生的回答却出乎我们的意料："没有奖金，因为如果有奖金，工人为了多赚钱就会打破原先设定好的节拍，导致整个生产节拍不可控。"工人没有奖金，这一方面是控制生产节拍的需要，另一方面也与日企终身雇佣制、年功序列工资制等日本特色的管理模式有关。[1]

同样一件事情，目的不同则做法不同。以完成一个订单为例，有些人就是完成订单而已，有些人是想借此把这个客户发展成为一个长期客户，有些人是想在此基础上发展出一类新业务——目的不同，产生的具体任务不同，管理的要求是不一样的。目的不同，即根本性评判标准不同。目的是行为的引领，弄不清楚为什么而管理，那还搞什么管理？不管向谁学习管理，都不是为了复制，而是为了达成自己的目的。管理是一种方法，但目的赋予其价值和意义。就像惠普公司创始人之一比尔·休伊特（Bill Hewlett）指出的企业文化中变与不变的双重要素：不变的是追求卓越的精神及目标，变化的是企业创造合适环境的做法。

---

[1] 赵敏，朱铎先，刘俊艳. 人本：从工业互联网走向数字文明[M]. 北京：机械工业出版社，2023.

做战略也好，做组织、薪酬设计也好，做人力资源管理也好，只有在清楚为什么而做的情况下，才能做好，才能做得有意义和有效果，也才能发挥出应有的创造性，不能为做而做。从目的开始，这是一个符合逻辑的出发点。在目的性思维下，会出现自然形成的框架、课题和模式[①]，而不会受到历史经验和观念的束缚，就会产生创造性的"涌现"。

同时，方法要与目的适配。借用亚马逊公司创始人杰夫·贝索斯的一段话说明这个意思："如何留住优秀的人才？第一件事就是给他们一个伟大的使命（顺便说一下，我们亚马逊的薪酬非常有竞争力）。但我们并没有创造那种乡村俱乐部的文化，比如让你享受免费按摩，无论时下流行的福利是什么，我一直对这些福利持怀疑态度，因为我总是担心人们会因为错误的原因留在公司，我希望人们是因为任务使命留下，不希望公司里都是雇佣兵，我要的是传教士，传教士关心的是使命，这其实并不复杂。而且免费按摩容易把人弄糊涂，比如，我不太喜欢这样的任务，但我喜欢这里的免费按摩。所以，如何留住优秀的人才，如何不让优秀的人离开，第一件事就是给他们一个伟大的使命，有真正目的的事情，有意义的任务，人们希望自己的生活有意义。"

实践中经常出现的"目的是激励A却得到B"的问题，多是因为用错了方法，而不是方法出了错误的结果——有些方法我们会想当然地，或者根据经验认为它具有某种功能，而其实它可能并不一定具有那种功能。在一种做法没有得到预想的结果时，应审视一下这种做法作为实现那个目的的方式是

[①] 比如，有位企业家在谈到他们2011年以降低单晶成本为目标的"616项目"时说：我当时提的目标叫"100元计划"，因为当时单晶的成本是160~170元/千克，我说我们如果要和多晶竞争，在这个市场上生存，第一个必须把成本降到100元，这个100元是我们的生存线。做项目的时候，我们就把所有的管理要点、未来技术方向分解，把技术方向分解成大量的技术课题，把管理项目分解成大量的管理课题，每一次都会分解出20多项，下一次会议再把这20多项中的每一项目的进展及最新的想法补充进去，就这样循环地去做。

否正确，而不是慨叹自己的用心和努力没有得到回报。

1.3　管理方法≠管理

从上一节的内容中，已经可以得出这样一个结论：管理方法≠管理。方法只是"目的—方法"这个三要素（包括关系）模型中的一个因素，而且是较次要的一个。可是，也可能是由于管理比较抽象，而方法比较具体，所以一提起管理，人们能想到的往往是那些管理方法而不是管理本身；久而久之，这些管理方法就代替了管理的位置[①]，也即人们把已经创造出的管理方法等同于管理。换句话说，人们因为有了这些管理方法而遗忘了管理本身，并且把这些管理方法当成了管理本身。把那些管理方法等同于管理，相当于杀死了管理而只留下一些方法的残骸。如果是把那些具体的管理知识当成管理，那就大错特错了。很多人所谈论的其实并不是管理，而只是一种管理策略与方法；很多的管理"专家"其实也并不懂管理，他们只是一类脑袋里装了一些管理的策略与方法的人而已。把管理方法等同于管理，还将导致走向对方法的滥用（试图把一种方法往所有企业上用），以及管理实践的僵化。

一个东西一旦有了某种形式，就存在其本身被这种形式所替代，从而失去其本身的风险，正如一种剑术，如果有了招式，就存在这种剑术被这些招式替代的风险；而且，还不能反过来经由那种形式而掌握这种技艺，于是就只有招式而没有了剑术。被一种形式替代的技艺，是被消灭的技艺——我称这种现象为"致命的形式"。例如，美国项目管理协会发布了《项目管理知识体系指南（PMBOK）》，结果其内容就被当成了项目管理的

[①] 因此，很多人学到的管理其实不是管理，而是一种管理方法。这种现象在差不多所有学科领域都存在，比如一提起物理学，人们想到的往往是那些物理学知识而不是"物理学"本身是什么。这种情况会使得学习者和学术研究经常性地陷入具体知识之中，并受其局限。

标准操作；而实质上，项目管理是多任务管理的一种方法，而且在多任务场景下，在不同任务类型和不同企业的组织管理环境下，项目管理可以综合和合理性地设计出各自有效的、经济性的具体形式，而不只是一种形式。

把管理与那些管理模式和方法划等号，是对管理的异化。任何以引入一种管理模式和方法本身为目的的管理行为，都是对管理的反动——那些贩卖管理方法性的东西的"管理专家""变革顾问"，是具有危害性的，他们会造成误导（当然，也会"碰巧"有个别正好对得上的）。管理实践方式正确，是把管理做好的前提——实践中，很多企业的管理实践方式是不正确的。

例如，20世纪90年代在管理思想领域最具统治地位的是"流程再造"，这个东西的火爆程度堪比现在的数字化转型，但有一个数字也很恐怖，流程再造的失败率高达90%，很多企业为此付出了惨重的代价。后来流行的ERP的失败率也在95%以上，不过是一个故事的重演——技术性思维，或者说，以信息技术为中心的管理信息化和企业数字化，同样是错的。那些引入IPD、阿米巴、BSC、OKR、平台型组织和人力资源三支柱管理模式等的企业，又有几个取得了成功？我认为这种行为最大的危害还不是做错了一件事情，而在于妨碍了对企业的真正问题的解决，它让企业以为自己正在解决问题，而事实是，真正的问题还在那儿，因为它并没有被解决。方法的价值仅在于我们有了一种方法可用。很多企业像上装备一样上各种流行的管理工具、方法和管理软件，可最终的结果又怎么样呢？对这类实践的反思，原本也是可以帮助我们得到"管理方法≠管理"的认识的——可很多人都没有去反思。

职能化管理思维，很容易导致走向管理的异化。人们把管理分解为战略、组织、财务、营销、生产、质量、流程管理、信息化和人力资源管理等，并就战略而论战略，就组织而论组织，就营销而论营销，就财务管理而论财务管理，就生产管理而论生产管理，就质量管理而论质量管理，就人力资源管理而论人力资源管理。人们从各自的维度对管理进行所谓的"专业化研究"，并分别发展出一套"专业"管理的原则、知识、工具和方法，进而把努力的重点放在琢磨出一些专门的技巧（比如如何把考核指标设计得更合理等）上；更多的是这样一些职能管理型的管理"专家"。人们被教育按照一种职能化的范式去组织和运行一个企业，去接受和遵循那些所谓的原则（如部门职责要清晰等），却忘记了企业的目的、现实和事物本身。事物是一个整体，割裂本身就是一种偏离。实践中经常听到的所谓的职能管理与业务脱节，其实是管理异化了的一个结果。

本来应该是根据对象（任务和目的）选择方法[①]，而现实中很多企业是套用一种范式或方式去对对象进行"管理"，他们正好把管理与管理对象的关系给弄反了，如图1-5所示。异化的管理，就是把管理的路径给弄错了；弄错了管理的路径，就不仅仅是事倍功半的问题了，而是管理（至少是部分）无效。比如，我在给国内的一些科研院所做咨询的时候，发现他们对下属科研、生产和产业化部门都采用统一的考核指标（产值），其结果是：科研做不起来，因为科研带来的产值（项目金额）低，结果科研人员都去争着做生产性项目；产业化发展水平低，因为要见效快，要有规模，而只有那些容易做的低级业务能满足这些，真正有战略意义的、需要投入培育的产业化没人去做。

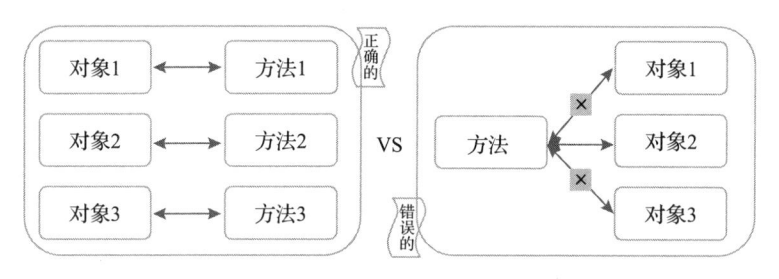

图1-5　两种管理思维和模式的对照

---

① 所以，伴随着企业复杂性的增长而增长的是管理的复杂性，换句话说，管理的复杂性要跟得上企业系统的复杂性变化——解决方案之一是让每个人都充分发挥他的管理者作用——复杂性社会，一定是一个以自管理为基础的社会；极权型社会与复杂性社会是不相干的。

管理异化的产生，与那个"管理是一种职能"的错误认识有关。而这个错误认识又与我们长期以来形成的"专业化"思维有关。哲学与神学的分野，科学与哲学的分野，科学的再划分等，渐渐地，那种分科式的专业化思维占据了我们的意识，它使得那些原本的关联被简单地割裂开来[①]。割裂了管理与管理对象的关联，就已经为走向普遍的管理的异化铺平了道路，企业管理学步入歧途自然在所难免。管理异化是一种对管理的偏离，而且很多时候，我们意识不到那是一种偏离。企业管理学，变得越来越以方法为中心；目前的企业管理学，接近于企业管理方法的合集，还构不成企业管理学。

对于那些管理方法，认识它们的关键不在于其内容是什么，而在于其本身是什么——对待管理经验和方法，我们一直缺少这种视野。企业管理，却不能是以管理本身为目的，很多人没有搞对这一点。行为的关键所在是要实现其目的；对管理而言，符合自我的目的和现实是规范，符合某一种范式和方法是异化。就管理而论管理的专家，一定是伪专家，他们对企业管理也只是一知半解。

人们需要从那种把管理方法视为管理的心智中退出，让管理能够回归管理本身。管理之路本是无限的、宽广的和开放性的。很多的现实问题并非无解，而是人们把自己局限在那些个方法中所致。

1.4　管理设计的逻辑过程

对具体企业而言的管理，何谓正确？正确即符合，符合目的、符合事理、符合现实。符合事理是管理的科学性的成分，符合目的和现实是管理的实践性的成分。企业的管理应该是科学性与实践性的统一。人们总是在追求新奇的东西，殊不知事物的根本从未发生过改变。

[①] 所谓的培养跨学科人才，不过是对那种整体性被割裂的一种技术性补救；真正正确的解决方案是回归从对象本身出发。

我们不可能得到超出合理性的东西，我们不可能得到一个不合理的结果，比如我们再怎么设计也不可能让一个大气压下的水在80℃的时候沸腾。我们唯有遵循事物（包括人）的规律和属性，或像艾尔弗雷德·P·斯隆在《我在通用汽车的岁月》一书中所说的"尽量有意地保持客观性"。人类的行为，仅在符合事理的情况下才是有效的，或者说，仅其中符合事理的部分才是有效的。正如埃隆·马斯克所说："我见过很多可以违反法律的人，但我从未见过可以违反物理学的人……就像如果违反了能量守恒或动量守恒之类的，肯定就行不通了。"山姆·阿尔特曼也说过类似的话："不要违背等效于物理定律的商业法则。"

有一群人总是喜好于告诉企业要这样去做，要那样去做，但却从不自问一下这一切成立的基础是什么。任何一种制度被设计出来，只会按照其内在的机制和逻辑（或者说，事理）运行，这是不以设计者的意志为转移的[1]，事

---

[1] 讲一个很多人都听过的故事：17~18世纪，英国将澳洲变成殖民地之后，决定把本土的罪犯送到澳洲去。英国政府雇了一批私人船只运送犯人，并按上船时犯人的人数给船主付费。但船主为牟取暴利，往往超载运送，导致船内乌烟瘴气，拥挤不堪。有些船主为了降低成本，更是恶意克扣犯人的水和粮食。极度恶劣的生存环境和非人的虐待，导致大部分犯人在中途就死去。英国政府调查后发现，运送的犯人平均死亡率高达12%。其中有一艘船运送424个犯人，中途竟死了158个，死亡率高达37%。为了降低犯人的死亡率，英国政府决定向每艘运送船只派一位政府官员，以监督船长的行为，严令规定不得虐待犯人，并配备了专业的医生随船支援。然而高额的利润和不健全的监督机制使得船长们宁愿铤而走险，要么用金钱贿赂随行官员，要么对不愿合作的官员进行迫害。据说，当时有不少的随行官员和医生不明不白地死亡，而政府却无可奈何。面对生命的威胁和金钱的诱惑，大部分官员只能被迫选择同流合污。奖罚机制都建立了，犯人的死亡率仍一直居高不下。英国政府只好采取最古老的方法——他们把私人船主们集中起来进行道德教育，劝诫他们要珍惜生命，不要把金钱看得过于重要，要配合政府。当然，情况没有得到任何好转。最后，经过无数次商议，英国政府终于发现了奖励机制的弊端，并想出了一个好办法，就是把"上船付费"改为"下船付费"：船主们只有将犯人活着送达澳洲，才能赚到运送费，少一个人，就少赚一笔钱。私人船主们为了能够拿到足额的运费，开始千方百计地保证每一个犯人的生命安全，很多甚至还主动配备医生和药品。这样一来，既降低了政府监督的成本，又抑制了官商勾结的不良风气。新方案一出，犯人的死亡率迅速降到了1%以下，有的船只甚至创造了零死亡纪录。

物的法则独立于人的意志之外。我们有时候会自认为我们的一种方法或机制设计会产生什么结果，其实未必。一个设计如果没有产生预期的结果，那说明这个设计本身有错，无论设计者多么权威，也无论它是来自哪位"大师"的"理论"，无论它有多权威的机构背书。

除了要符合事理，还要符合企业的目的与现实。符合目的自不必再做解释；符合现实是因为，现实才是企业管理的作业对象。虚妄和毫无希望地脱离现实，都是不可取的。方案只能随对象而生成。"务实"是一个管理者该有的一项品质；不"务实"的，就是错的。以建筑物的设计做比较，背后的力学原理是一样的，但如果各自的需要和现场条件不同，则设计方案必须不同。具体设计包括对具体场景的因应，而现实中的具体场景各不相同。企业管理设计的大逻辑是：以自我设计为中心；知识和经验的作用在于加持，如图1-6所示。企业管理的形成，就是这个过程不断重复的结果。诸如实践中有些"不得已"的做法其实可能恰恰是正确的做法，只是由于我们总是带着某种"一般"或"规范"的眼光看问题，才觉得这些做法好像"不合适"或"上不了台面"似的。主客观的冲突显然不是由于客观的原因导致的，而是由于主观的原因导致的，解决问题的关键也在这里——要去除我们主观上的一些错误。

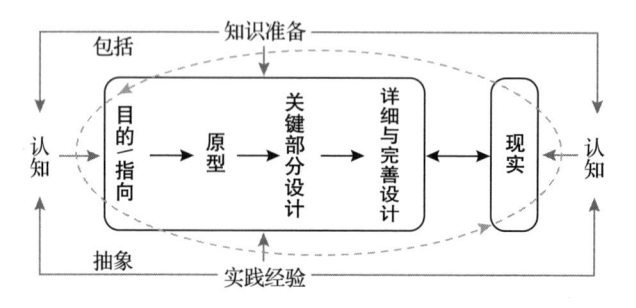

图1-6 管理设计的逻辑过程

管理的实践性还表现在：我们必须面对和解决实践中的所有问题，对

1 管理到底是什么

于这些问题你不能舍弃和无视。对具体企业而言，管理是一种面向场景的设计。我们需要的是"真诚"的实践，"真诚"的实践也必定会带来有价值的管理创新。不同企业的管理上的相同，是一种性质上和原理上的相同，而不是具体上的相同，是一种"相通"。向优秀企业学习，是通过优秀企业领悟企业经营和管理的实质，而不是直接模仿；形式上的管理"对标"，是一种接近于愚蠢的管理行为。

对于那些理性务实的企业来说，不是他们在管理上的做法有多"low"，而恰恰是他们的做法是对的，是符合的。设想一下，如果都照着目前的管理教科书来，以及照着那些所谓的管理"大师"们的教谕来，则有一点我可以肯定：那些卓越的企业都不会产生，失败的企业所占的比例会进一步上升，管理与实践真实的冲突将到处都是。

空中楼阁是建不起来的，我们也不是为了建设空中楼阁。管理要基于现实。对企业经营和管理者而言，不仅要做该做的，还要做能做的。目的和现实是一个动态的过程，管理随之不断发展变化。不顾管理对象，便可能会出现与管理对象的对立——比如有的企业在引入精益管理时，照着别人的样子去推行，招致内部的抗拒——这里我并不是说不应该搞精益管理，而是说以一种自我正确的方式去搞效果会更好。自我的管理方案的设计，好比数学中给定条件下的问题求解，它需要管理者有"解题"的能力。人们也很容易被幻象（比如别人的成功经验、一种看上去十分完美的模式和方法等）吸引而无视规律和现实，并进而走向企业管理的构建模式，很多人都失败在这上面而不自知——他们不能明白那些眼见为对的东西，怎么用在自己身上就不行了！

企业管理只应是以对象和实践为中心，而不能是以所谓的知识为中心。在知识崇拜的心理作用下，人们经常颠倒这种关系。对那些管理学者的造神运动，以及如大学教科书式的管理学的教学模式，都是在造成一种以知识为中心的误导和危害。企业管理，需回归其正确的思维和实践模式。

而学到了一些管理知识的人，又总是不自觉地要让实践服从于那些所谓的知识，这是一件很麻烦的事情，你也很难给他们讲明白——这里，仅借用1964年接管万豪公司的小比尔·马里奥特的父亲为他留下的一份指导清单的第4条简单点明：学习并遵守专业管理原则，将其理智且实际地运用进自己的公司。

人们也总是想当然地赋予社会科学学科（如经济学和管理学）一种对实践的方案性功能，这是一个误区。企业管理学的主要功能如物理学等自然科学学科一样，是拓展认知与提供知识，如图1-7所示（其中，物理学等一些学科的知识会成为管理学知识的一部分——主要是管理对象的认知部分[①]）。企业管理学的研究应聚焦在关于企业管理的认知和对一系列事理的考察上，提供企业管理实践的正确方向和自我设计的底层知识准备（当然，并不排除它可以提供一些范例和参照，但仅仅是被作为范例和参照）。

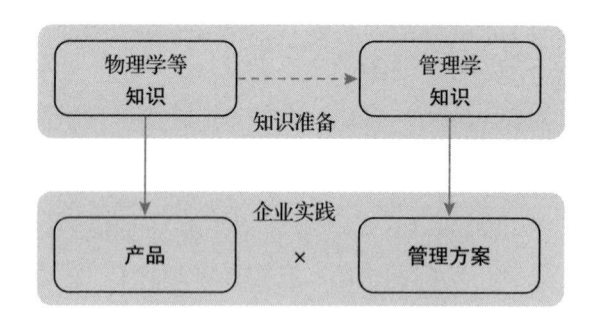

图1-7　学科与实践的关系

[①] 管理学与其他学科的边界在哪里？这是一个重大问题。简单来看，关于管理对象的知识都应属于管理知识，但实际上不是，因为不需要是，管理的关于管理对象的知识是满足管理需要的关于管理对象的知识，而不是关于管理对象的全部知识——管理学与其他学科是以"维度"划界的，而不是以"板块"划界的。另外，因为具有关于管理对象的知识，"工程师们"更有可能发展成为优秀的管理者，换个角度说，要想成为优秀的管理者，必须广泛涉猎关于管理对象的知识——这也是传统管理学中没有的一个意识，因为传统管理学割裂了管理对象（它只总结和研究"管理"本身），自然也就不涉及关于管理对象的认知和知识的问题。

1　管理到底是什么

企业管理学的使命不在于给企业提供管理上的具体方案（因为那不可能），而在于使管理者们能够更好地制定出自我的方案。实践者才是落实方案者，实践者也要具有设计自我方案的能力。学科的意义在于提高实践水平和走向更高级的实践——比如，如果没有物理学等的发展，人类的发展可能还停留在刀耕火种阶段——但物理学并不提供企业经营的具体产品，产品是企业在人类创造的知识的基础上再开发出来的。人类实践，应是一种学科与实践交织着向前发展的开放性实践。

目前的企业管理学的一个错误在于，它总想着给人们提供一种实践范式，甚至模式。100多年来，学者们都是在朝着给实践者提供方案和意见的方向努力[①]，这是一个错误，企业管理学搞错了方向，或者说，还没有找到正确的学术研究的方向。

[①] 经济学中也存在这个问题——凯恩斯的宏观经济学就是一个典型，所以，它们有时候反而会成为正确实践和实践的自然演进的障碍。

谁是管理者 2

2.1 大管理和小管理

静态地看，企业的管理可区分为：对企业的管理和对任务的管理。对企业的管理，即对企业作为一个商业主体的设定与设计，包括战略、企业模式（价值类型与发展方式）、产品与业务组合、组织架构、治理与文化、商业生态、区域布局、人力资源管理模式等。任务管理，是具体任务作为管理对象的管理，包括任务目的与组织管理、质量和进度管理、成本费用管理、业绩管理，以及多任务集成管理等。对企业的管理，我又称之为"大管理"或"企业家的管理"（Entrepreneur's Management，EM）；对任务的管理，我又称之为"小管理"或"经理人的管理"（Manager's Management，MM），如图2-1所示。

任务管理，又包括任务管理的基础设计（如很多企业的《项目管理手册》）与任务操作管理。任务管理的基础设计的主要作用是建立起任务管理的基本框架，实现公司对任务的整体管控，以及提高每一个任务操作管理主体的管理工作的效率和质量，为他们提供管理工具和方法上的准备与支持——企业管理的工具性部分主要集中在这个区域，因此我也称这个区域为企业管理体系中的"工具带"[①]。

[①] 就像太阳系中的"小行星带"。如丹纳赫有它的关于业务体系的8大基础工具：倾听客户的声音（VOC），价值流程图（VSM），标准化工作（SW），业务流程改善（TPI），改善的基础（Kaizen Basics），5S，问题解决的流程（PSP），可视化日常管理（VM/DM）。

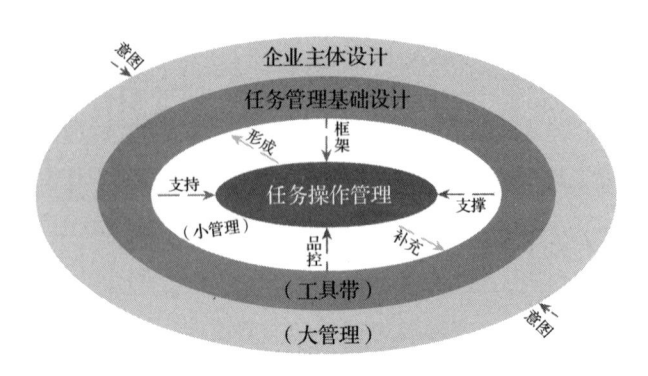

图 2-1　大管理和小管理

　　任务操作管理，包括任务策划、任务组织、任务实施管理和任务绩效管理，以及包含在每一步中的选择、决策与设计等。操作管理包括对任务管理基础设计的遵循与集成使用。一方面，企业无法为各种实践情境提供预设方案，尤其是在对开发性活动、市场性活动、不确定性任务以及对具体人员的管理上，再完善的设计也不可能设计到每一个动作、每一个细节，总是有一部分要由操作者处置，需要由操作管理者的管理补充和填充；另一方面，也需要有管理上的"留白"，这是为管理创新和创造性设计留下的空间，没有"留白"和灰度的管理也是没有想象和发展空间的。操作管理者也不仅指基层员工，每一项任务都有其操作性部分，每一个任务主体都有其操作性工作，如业务经营上临时的策略调整。操作管理，是操作者的管理，是操作者的自我设计和自管理（也是他人完全不能替代的）。即便是外在的制度性约束，也要通过内在的自律才能最终起作用。操作层面，是企业的一个十分重要的活动领域——毕竟，所有的价值都要经操作生产出来，所有事情的完成都是一个操作的过程，提高操作过程的质量和效率总是十分必要的，提高的主要方式是解决人的问题[1]。操作

---

[1] 解决方案包括管理架构、机制、文化，以及招聘和培育"专业员工"等。日本企业的优势有很大一部分是来自他们在操作层面上的质量、水平和不断改进。日本企业与美国企业代表了两种造就卓越企业的模式，一种是如畠山芳雄所说的"基本最无敌"，另一种是凭借突破性的科技创新。

管理，是认知、设计和行为的一体化，也是应该充分发挥领导力的作用的地方。

举个案例：回想起半年前特斯拉前员工 Elsa 刚加入团队，刘容（化名）形容那是一种很神奇的感觉，"就像是一团棉花里插进了一根针"。通常入职介绍时，为了和新同事迅速拉近距离，大家会表达必不可少的问候，尽可能让语言听上去有温度。"她当时就说了三句话，姓名、年龄和原来在特斯拉"。新同事表现出的冰冷，给刘容和其他同事留下"人狠话不多"的印象，他们背地里给这位新同事取名 Elsa——跟《冰雪奇缘》的女主角同名。熟络起来后，Elsa 解答了刘容当时的困惑："并非故意冷漠，而是其他信息对推进工作并没有什么帮助"。很快，刘容发现，这位曾在特斯拉多年的新同事不仅在入职第一天便摸清了公司的组织架构、制度与流程，而且在迅速进入工作状态后，表现出强大的控场能力，"她在找到项目对接人之后便马上开始把控流程"。随着时间的推进，Elsa 还凭借一己之力逐渐影响团队原本软绵绵的氛围，具体表现是，在给领导或同事发邮件时，直切正题，不会加任何多余的话；原本冗长的看似花哨的PPT也被"内卷"为轻易不超过10页；开会遇到更重要的工作，则会直接退出会议。刘容观察到，在推进工作时候，比起跟领导或者同事争论，Elsa 更擅长通过数据说话。"她从不与别人语言争论，而是会用自己收集来的大量的真实数据来佐证自己的观点，案例内容很少夹杂感性分析"。经过半年多的合作与共事，刘容发现自己所带领的部门，也逐渐被这种看似冰冷的工作方式所感染。"现在我们跨部门沟通，都是开门见山提需求，有争议也不过多浪费时间，摆数据沟通清楚直接进入可实施方案"。事实上，在和多位特斯拉员工的接触中，谈及工作，效率几乎是所有人口中的高频词，"永远不要做无用功"，其中一位员工强调。一位前特斯拉业务拓展部员工记得，原来即便是公司的工位布局也都夹杂着这层考虑，"部门领导的工位一般都在最中间位置，方便更多地和员工对接任务"。①

企业的这种管理体系，是形成的，企业的管理有一个生成的过程。这个过程有这样一些基本构成：起点值、意图、经验、设计发展与生成方式，如图2-2所示。起点值，即一个企业在成立时对它的设计，可理解为对企业这个系统的初始赋值。这种赋值，在不同的企业是不一样的，有些企业没怎么设计，标识为赋值为0的状态；有些企业则进行了相当的设计，标识为赋值为1的状态。

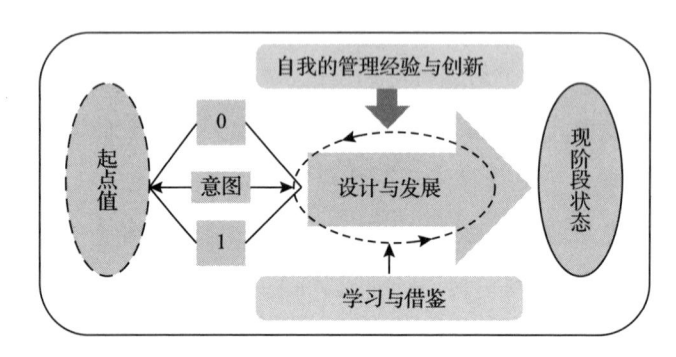

图2-2 企业管理的生成与发展过程

意图，是指企业的经营意图。对企业和管理而言，最先产生的是意图。意图是企业系统的最原始的要素和输入条件。没有意图，则经营和管理也就会一直停留在一种自然状态，例如，如果不是因为沃顿和柳井正产生了某种想法，则沃尔玛和优衣库，就会停留在一种小镇小店和裁缝铺的状态。因为有了一个想法，才去做这个事。想到的与做到的共同造就出一个结果。意图在企业发展过程中是不断发展和演变的，并始终参与对企业的塑造。

经验，是指企业自我的管理经验与创新性实践。操作管理上的经验与

---

① 资料来源：未来汽车Daily公众号的文章《当公司来了特斯拉人》，作者苏鹏。

创新，为管理的设计和改进提供素材——这是最好的素材来源。正如一位企业家所说：通过不断积累水面以下精细化管理的能力，再把这些能力不断地用数字化的方式固定下来，就会逐步形成各项管理中的小的"know-how"，成为企业底下大家看不到的护城河。很多企业的管理流程、制度等内容空洞、空泛，原因之一就是没有自我的有价值的设计素材。我们转转脑子想出来的制度，会比那些长时间进化并定型的制度更好吗？显然不可能。管理实践中生出的有效的、好的、有价值的做法和教训没有被沉淀下来，是企业的实实在在的损失——日积月累下来，差距是惊人的。所有的进展都是基于经验的；企业中最严重的浪费，是对经验的浪费。"小管理"其实并不"小"，它是企业管理改进和创新的源头——我在图2-2中用了一个最粗的箭头表示对这个要素的特别强调。

实践智慧包括把人类所发现的超验秩序加以运用和制度化的智慧。企业的管理体系，亦是管理的知识体系，这些知识主要来自过程中的创造。操作管理过程中的经验、创新要有转化为一种正式设计的通道，且要有效。操作管理的过程，也是创造管理的过程，是企业管理的最原初的过程。企业管理提升的速度与操作管理上的创新质量有关，与操作管理上的经验向正式的管理设计的转化（效）率有关。显性的企业管理体系没能建立，很多时候，并不是因为没有生成（因为事情已经做过了、问题已经解决过了），而是因为没有转化，即将其中的方法性的东西抽出来并加以显化，以及通过复盘和进一步设计等提升转化的质量；高质量转化，是一种建立企业管理体系的有效方式——企业要有这个"后台"功夫，如果再有高质量的生成，那就完美了。

作为正式设计的企业管理，是一点一点地被设计出来的，就像一款软件，是一行代码一行代码地写出来的。最初，可能就只是几条简单的制度规定。以海尔公司为例，张瑞敏上任的第一件事就是制定包括"不准在车间大小便"在内的 13 条规定①。以现在的眼光看，可能会觉得这些规定很低级、可笑，但恰恰是这些规定，让厂子开始发生变化。那些初期的东西不可能是成熟的、像样的作品。不求它是什么杰作，以实用性为原则，并建立进一步向前的基础。任何一个软件系统，都是从写下最初几行代码开始的，这最初的几行代码后来也可能会被修改，甚至删去，但这不是主要的，主要的是它开启了一个过程。

企业是"生长"出来的，而不能是被"制造"出来的②。管理，是随企业的内容一起"生长"而产生的。企业的发展与管理的发展是一体的，因为只有这一种发展方式。管理，不是从某个阶段才开始的，而是从做出成立企业的决定的那一刻就开始了，并贯穿始终。流变，或者说，过程性才是实践的真实——如果不是一个动态的过程，就不能产生新的适应性，并在根本不适应的时候被彻底淘汰。管理的发展与企业实践必是一种共演关系，管理创新与企业创新（如产品、业务和商业模式等创新）之间是一种一体性的关系。企业的发展包含着管理的发展。作为管理对象的企业又包含了历史上的管理设计，管理变革必然带来当下的管理设计与那种历史上的管理设计的冲突，除非我们能首先将那种历史上的管理"卸载"干净③。

管理的终极解决方案，是能够创造出有效的解决方案的方案，因此，正确的做法是使这种创造性活动可以更有效地发生，而不是将某种方案视

---

① "青岛电冰箱总厂劳动纪律管理规定（1984 年 12 月）"总共有 13 条：1. 不迟到，不早退，不旷工；2. 不准代他人划出勤卡；3. 工作时间不准打扑克、下棋、织毛衣、干私活等；4. 工作时间不准串岗；5. 工作时间不准喝酒；6. 工作时间不准睡觉；7. 工作时间不准赌博；8. 不准损坏工厂的设备；9. 不偷工厂里的财物；10. 不准在车间里大小便；11. 不准破坏工厂的公物；12. 不准用棉纱柴油烤火；13. 不准带小孩和外人进入工厂。

② 那种外科手术式的管理变革和企业转型，是不合逻辑的，很难成功，也很少有成功的。需要有经由鼓动和压力促使的内部的自我改变作为基础。

③ 所以，企业变革往往需要有人员上的换血，因为历史上的管理不仅存在于制度上，还存在于人的头脑里和意识的深处。

为终极解决方案。最具塑造／创造力的是创造事物的方式。管理的生成方式是关于企业管理的一种重要维度。生成方式是"生产线"，方案是"产品"，所以生成方式问题比方案问题更重要。管理发展的过程维度，也是一个经常被忽视的维度，人们都在忙着寻找一种"标准"答案——它带来的问题是，不实践化和没有利用过程的力量。过程性，是事物的一个自然属性。

实践上存在着需要用过程才能解决的问题。企业的管理是以演进的方式形成和发展的，包括一些跨度较大的变革和提升。企业应该建立自己的关于管理的生成和发展的有效方式与惯例。很多企业的管理体系是缺项的，尤其是缺失"形成管理"这项功能。精益管理也是重在这样一个过程，精益管理的关键不是给出一种精益管理的方法，而是始终具有一种可以不断走向自我的更精益的功能。生成管理方案的方案也是管理方案，而且是更具基础意义的方案。

除了正式设计，还有一些半正式的东西，如典型案例——这也可以被理解为管理的"半成品"。任何结果都是过程的产物，企业应该重视管理的"中间产品"和"中间过程"，并将其纳入管理体系[1]。中间过程是创造事物的方法的构成。同样出于提高有效性和效率的需要，企业应尽可能地将这种创造过程方法化，如丹纳赫的解决问题流程，如图2-3所示[2]——丹纳赫对它的定义是：当你不知道该做什么的时候，你应该做的事。我们可以没

---

[1] 瑞·达利欧在《原则》一书中有这样一段叙述：我要求对几乎所有的会议都录音，让所有人都能了解会议内容，只有极少数的例外……最初，我把未经剪辑的管理层会议录音发给全公司，但这对职员的时间来说是个沉重的压力。所以我后来组建了一个小团队剪辑录音，集中选出最重要的片段，而且我们逐步增加问题，从而制作可用于培训的"虚拟现实"案例研究。这些录音带逐渐成为针对新员工的"新兵训练营"的一部分，也是一扇窗口，透过它人们可以看到层出不穷的新情况，以及相关的应对原则。

[2] 资料来源：丹纳赫DBS前高管李永杰先生的一次分享。

有答案（很多时候我们都是没有答案的），但是不能没有这种方法。对于创业阶段的企业、快速发展的企业和创新型企业而言，这一点更为重要，甚至可以理解为其管理一直就是处于"半成品"的状态和不定型的状态[①]；定型也意味着发展的停滞。

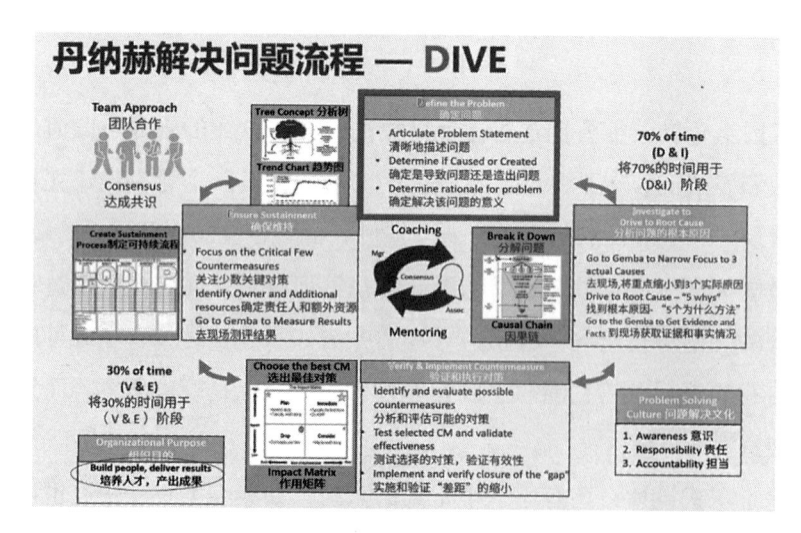

图 2-3　丹纳赫解决问题流程

在成型的状态下，"大管理"构成"小管理"的"体制"（同理，任务管理的基础设计也构成任务操作管理的"体制"）。"小管理"的运行效果会受到"大管理"的影响；在"大管理"不做变革的情况下，从"小管理"入手的变革会遇到很多障碍，甚至会走向它的目的的反面。北京大学历史系教授罗新对"子贵母死"这个制度为什么会走向设计它的意图的反面的解释，也可以用来说清楚这个问题。

问：（北魏）"子贵母死"这个制度是为了防范皇帝与生母的血缘关系对于皇权的干扰，但是从全书（指《漫长的余生：一个北魏宫女和她的时

[①] 正如山姆·阿尔特曼在一次访谈时说：处于快速扩张阶段的初创公司，看起来总是有些混乱……如果你要快速扩张，就必须不断进行人员调整和重组。

代》）来看，从冯太后垂帘听政，到40年后胡太后再次垂帘听政，这个制度好像并没有真正地阻挡后宫对于皇权的干涉。

　　罗新答："子贵母死"最初也许是为了防止后宫干政，但事实上没到两代就变了味儿。如果这个制度设计最终不能按照设计者的意愿运行，甚至走向反面，那原因一定不出在这个制度本身，而出在这个制度是围绕着更大的制度在运行，这个更大的制度就是专制皇权。既然皇权是唯一的，那总要有人能够控制皇权。如果皇帝本人不能够自己大权独揽，运行如此崇高、如此绝对的皇权——比如小皇帝，那一定得有人来运行。所以我们看到了汉代的外戚与宦官的轮流专权。只要有这样（更高一层级的）绝对的皇权在，就一定会有与（"子贵母死"制度的）设计者（的意愿）相反的发展方向[①]。

　　所以，企业在进行管理变革时，不能只变革"小管理"而不改变"大管理"。如仅在任务管理层面引入项目管理，结果必然是项目管理很难以项目管理的方式运行。企业在引入任何一种任务管理方法（如精益管理等）时都必然遇到这个问题，"大管理"不变革，则这种引入工作就等于只做了一半，自然也难有成效，甚至会无功而返。不同步变革"大管理"的"小管理"变革，等同于要在一个系统中运行两套规则，最终还是要回到具有决定性的规则上。同理，在"大管理"，以及任务管理基础设计都不变的情况下，让任务操作管理主体进行变革，则意味着他要以个人的力量跟整个制度体系（或双重"体制"）对垒，这更有难度——所以，许多"变革"者，都是以悲情结束；许多被寄予厚望的"空降兵"，都铩羽而归。我们特地创造的东西，有可能会成为我们下一步的障碍，有时候事情就是这样——这是任何实践者都必须面对的一个悖论。

　　可是进行系统性变革又有系统性变革的难度，越是成型和成熟的企业

[①] 资料来源：喜马拉雅的GQTalk播客节目——"对话罗新：人不单单是命运的承受者，也是命运的创造者"。括弧中的内容为作者的补白。

越是如此[1]。所以，有时候需要找到另外一种有效的方式，比如"特区"模式。最初的"臭鼬工厂"就属于"特区"模式。洛克希德·马丁公司的"臭鼬工厂"，只接受公司最高层垂直领导，被称为"公司里的公司"。"特区"模式的实质是绕开现有体制。"臭鼬工厂"当年是因为完全独立，所以才能成为"臭鼬工厂"；如果是在一个企业系统内成立"臭鼬工厂"，则会存在与大管理的关系的问题，结果就难说了。新创企业的一个优势，就是没有旧体制的束缚——所以，"颠覆"也多半以新创企业的方式发生。

2.2 "机器"与人为模式的平衡

作为一种正式设计的企业管理，我称之为管理的"机器"部分，可被复用和强制性使用，具有"赋能"和"战略"（指一种导向性）的功能。就如 Google 建有代码库，通过测试以后，代码就合并进了 Piper 仓库，任何人都可以浏览和使用全公司的代码，这大大促进了代码的共享和复用。同时，强制性使用，对操作管理者形成一种"代位"的情形，这既降低了操作管理的难度和占比（节省管理者精力），也实现了公司对事务的必需的管控——操作管理，是操作者的自管理，但不能是操作者的自由管理。对事物的识别、分解和设计，还可以使一个复杂的对象对我们而言变得简单，因为不再需要我们人为去处理所有；否则，我们永远不能驾驭那些复杂的任务，也无力完成那些复杂的任务。

用那种已经经过验证而有效的设计替代人为的不确定性，与没有那种设计的管理相比，就多出一份确定性和效率。完全的不确定就太不确定了，我们总是要尽可能地降低不确定性。不确定性程度越高，意味着越不具有效性和效率性。基于规则和完全依赖于人的系统的确定性是不同的。在基

---

[1] 萨提亚·纳德以"刷新"的方式对微软进行的再造，为我们提供了一个成功案例。

本设计缺失的情况下，后果完全无法预料和保证[①]，包括出现有些企业在自我批评时所说的问题：我们天天说客户为先，可是工作中处处以自我为中心进行思考；我们经常说要奋斗、争做第一，但是却处处防守，从不想着如何主动出击；很多人天天说创新，却每天抄袭跟随别人。借助机器是工业革命以来人类社会大发展的一个原因。管理上也需要借助"机器"，尤其是当企业达到了一定规模以后，如果没有"机器"的辅助，可能就再也上不去了，因为人的精力和能力本身毕竟是有限的。正如谷歌公司CEO桑达·皮查伊所说："一代人的努力和进步，会成为下一代人成长和前进的基础，这让下一代人得以延续并有机会实现所有的可能性。"

形成正式的设计，也属于对管理经验和管理过程中产生的知识的沉淀（企业制度的实质应该是知识，而不是立场）。没有被显性化的东西，难以留存，即很容易流失，并终将流失——正如一位管理者感叹的那样：经营企业这么多年，有很多很好的经验，也踩过不少坑，受过不少教训，为什么这些都没有沉淀下来，形成流程、表单、模板、工具和案例库呢？经验积累在人的身上，由于受人的因素（如流动性和局限性等）的影响，效果很差。

"机器化"，可规避来自人的风险。我们对机器的信任度总是超过对人，正如你不会对一块石头产生不信任，因为它原本就没有道德风险。针对不当行为的制度设计，还可以起到一种"有言在先"和"有法可依"的作用，降低处置时的人际冲突。不明确的关系成本更高，会额外消耗一些能量。以规则替代人为模式，可带来合作系统的扩大（而且，如果规则是合理的和明确的，其扩大合作的效果会更明显），也可以使一些错误的合作根本就不会发生。

没有"机器"部分的管理，即完全的"人治"状态。完全的"人治"状态，难免会混乱和低效。可以听一听这位部门负责人的独白："但是，更

[①] 并极有可能是一种不甚理想的结果，因为绝对自律和高自我要求的人是很少的。

多的麻烦也随之而来了,有些部门明明招的人最多还总说人不够,有些员工不服从安排,直接跑去找总经理投诉,几个部门为如何选择设备供应商各执一词……缺制度和流程的弊端日益凸显,最直接的后果就是,'人治'大于'法治'的情况屡见不鲜;我作为管理部门的负责人,这时才想起来,以前集团那些人力资源管理、招投标管理、供应商管理等一系列的制度和流程规范,才知道问题的根源在哪里;面对层出不穷的问题,我们参考原来集团的做法,一点点摸索着做起来;如果我们仅仅是个路边摆摊的手艺人,完全可以凭个人喜好做事,但是在组织里面,就必须有一定的制度和流程,这不是想不想的问题;现在看来,当时制度和流程的缺失,除了会让自己陷于烦琐的日常事务,公司发展也会陷入'人治'的陷阱,走不出来。"

要有企业管理的"机器"的部分。就如一位工程施工企业的管理者介绍自身的经验时说的:"把管理能力建设在制度、流程和IT上,不断优化制度、流程和表单,实现企业能力的逐步提升;把能标准化的都标准化,策划管理、招标管理、合同管理材料和分包管理标准化,以及工期、质量、安全、施工工艺、工法的标准化,推动企业发展的可量化、可考核、可复制和可优化;不能标准化的,用大的条条框框、事业合伙人机制和骨干人才的创造性去工作和实践。"对企业系统进行必要的和基本的设计,是作为一个主体的企业的本分,不能是把所有的事情都推给员工去努力和解决,那不是作为企业该有的状态,那还是一种原始性的状态——有些企业(主)总是在抱怨员工的能力不行或态度不行,却从不检视一下自身作为一个企业提供的"设计"支持行不行。

但是,如果人完全被程序控制,那人就成了机器的一部分,人作为创造企业者的那种主观性和可能性就不存在了,企业发展也就到此终结了。这种正式的设计,换个角度看,也是一种限制。如果束缚和限制越来越多,那自然也不是一件好事。所以,还要避免企业过度的体制化,避免制度的过度增加和僵化。正如清朝的体制之完备在当时的世界无出其右者,但也是其落后于世界的根源。

而且，有些事情（如选择团队），只适合人为而不是机器，机器的部分（如招聘流程）只能是辅助。例如埃隆·马斯克在被问到"你如何选择你的团队"时说："比起其他，我更相信我的直觉，所以在面试时，我提出的问题总是一样的，我会让他们聊一下他们的人生故事，告诉我他们人生中做出的重大选择，以及为什么这么做，还有告诉我他们面临过的难题，以及他们是如何解决的，我认为这些问题很重要，因为如果是真的自己解决难题的人，他们会很清楚自己的解决方法，他们会精准地描述出每个细节，而那些假装自己解决了难题的人，他们可能只能停留在表面，就再也不能深入交流了。"

再例如戴尔公司 CEO 迈克尔·戴尔说："如果你有一万家零售店，你想要预测一下客户会去哪些店、买哪些东西，你可以用 AI 去做模拟并得出数据。但预测毕竟是预测，你前期还要做各种准备，包括设备人员等，而结果往往是错的，有时候结果偶尔正确，因为需求不是恒定的，而且总有意外发生。但是，如果你与客户直接对话，你就能准确掌握他们的需求，因为这来自你与客户最直接的交流，你甚至都不需要任何库存数据，就可以直接指导供应链的生产，这样可以极大地提高资本效率。"

当我们设计了一切的时候，将不会再有新的东西出现。Sun Microsystems 公司的创始人、风险投资家维诺德·科斯拉描述的现象很能说明这个问题：大多数情况下，在正规的大公司里……你能做的真正有趣的事情却很少。令人震惊的是，人们几乎不思考。是谁重塑了零售业？不是沃尔玛，而是亚马逊；是谁重塑了媒体行业？不是全国广播公司 NBC，而是 Youtube；是谁重新定义了太空？不是洛克希德公司，而是 SpaceX。在过去的二三十年里，我几乎想不出一件由大公司生产的颠覆世界的事物。原因很简单，那就是所有有趣的事情都发生在社会系统的边缘，而不会发生在已形成的固化的核心集团。

更何况，完全的机器化也实现不了，因为必然还有很多未知的和不确定的东西。很多时候，我们是要带着问题上路，带着未知上路的。管理完全设计化、程序化、制度化和自动化的想法既不可能实现，也不应当有。创业阶段的企业，更是要更多地依赖于人为，因为"机器"部分还没怎么产生；它的成功与否，也更多地取决于人为的质量和水平。所以，创业企业的成功与创业者个人的高度相关。

"机器"部分也是对已经产生的管理知识的固化和功能化，在显性知识的作用发挥上较人的方式有很大的优势。随着机器性能（如计算机算力）的提高，这种优势还会扩大。但机器不可能具有隐性知识、暗默知识，也不具有创造这些知识的能力，不具有对事物的感知能力，以及超出显性知识范围的能力，这是机器与人的边界。人拥有机器无法拥有的主观世界。不改变作为显性知识载体的这种初始设置，机器就不可能突破这个边界。机器性能的提高和作业范围的扩大，不属于这种突破，因为其活动的性质未变。我们貌似无法将意识植入机器，机器所能具有的也可能永远都只是一种"生产"性质的能力。而把人类的思维活动的可能性穷尽后，机器是否可以在事实上变得与人等同，这还是个未知的问题。而且，人类的思维活动的可能性能被穷尽吗？虽然还不能给出一个确切的答案，但有一点是可以肯定的，那就是概率极低。

知识不可能先于创造性活动而存在，创造性实践是第一位的，强大的创造性实践的能力是卓越企业产生的一个前提条件。"机器化"带来的是产能，人为模式带来的是创新。从战略发展的角度看，没有任何一种现实状态是完美的；可以发展的制度才是最好的制度，而不是完美的制度才是最好的制度。成熟只是一种成型的状态，并不意味着不再需要改进和创新。企业的任何一点的发展和进步都来自人为，没有例外。过度的体制化就是对人的作用的否定和排除，必将使发展陷入停滞。没有了人的创造性和进取的成分，意味着企业正式进入垃圾时间；所谓的"机器对人的替代"，是指"机器"对"工具人"的替代。那种一切都照章运行、井然有序的状态，也是一种"无脑"的状态，非常不值得自鸣得意。正如大野耐一认为的那样："一切问题都归结于机器"是一件需要高度警惕的事情，因为机器没有能力辨别是非，更不可能发现问题和解决问题。体制化还会伴随着"体制病"，例如官僚主义就是官僚制组织体制的"体制病"，部门墙就是部门化组织体制的"体制病"。

"设计"与"管理者"共同构成企业的管理能力。一方面，通过确定性设计降低无序性和复杂性，即利用有序性实现某种功能；另一方面，使无序和不完美亦可以为企业所用，保有一种复杂性和多功能性，实现自发和有序的交织，同时应对确定性和不确定性[①]。确定性的交给"机器"，不确定性的交给人为；守成的部分交给"机器"，发展的部分交给人为。没有人为部分，便不会有发展，也不能因应事物的复杂性；没有"机器"部分，就不会有不断的积累，就一直处在一种低层次的自然状态。

所以，不应一味地追求管理的制度化和制度的刚性。企业管理应维持一种"机器"与人为模式之间的紧张的动态平衡关系[②]，如图2-4所示。就像星巴克前CEO霍华德·舒尔茨说的："作为领导者，我们能做的最好的事情，是为公司、品牌所代表的东西创建一个框架或指导原则及核心目的。但我不希望在这之下，有一套严格的规章制度，那样人们会觉得自己没有创造力或自主权。我

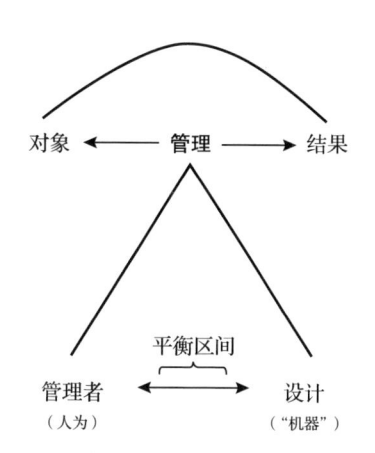

图2-4 管理是两种模式的结合与平衡

---

① 应对不确定性的最有效的方式是人，而不是任何程序和方法。很多人只知道企业要建流程和体系，那是因为他们的意识中没有那种更高级的实践模式。

② 例如，规则要允许被挑战，但在新规则被确立之前，必须遵循之前的规则。

们不想要机器人，我们想要的是人类创造性行为，其中有灵活性和自主性来调整情况。我们想雇用的是有创造力的人、企业家，我们认为星巴克的架构给了他们自由和灵活性去根据客户的需求灵活调整。"

企业管理能力的扩张，应来自"机器"部分与人为能力的双向增强[①]。埃隆·马斯克说："人们会出于惯性思维一直使用同样的工具和方法，因为这些他们最熟悉，这是默认的工作方式，而最终呈现的结果就是，用这些工具和方法能做出的产品肯定与你理想中的完美产品有巨大差距。所以，最好是同时有两个思路，一个是，用原来的工具能做出的产品；另一个是，理想的、理论上的完美产品——这个完美产品实际上是个动态目标，因为随着你的认识逐渐加深，完美产品的样子是会变化的，你自己也不知道它具体是什么样子的，但是你可以不断去接近它的最终状态。"

作为方案的企业的管理，也可以理解为一个产品，同样适用于以这种方式打造。管理方案很重要，生成管理方案的方式也很重要——当我们把企业看作一个过程的时候，它更重要。而且，如果是建立在一个可以改进的路径上，那就可以不在乎起点的高低了。

即便是完全的生产性活动的管理也存在创新和改进的可能（对生产性活动的"机器化"管理，首先就是创造的结果）。理论上，人为模式在任何任务上都是应有的管理成分。企业是以演进的方式发展的，包括新价值的创造和新价值秩序的形成。组织应是一个工艺化生产系统与团队化共创系统的叠加物。随着实践和认知的发展，之前的东西会变得不合时宜，因此，作为一种设计的管理应该允许被挑战。

确定性是机器的特质，创造性是人的特质，最好的做法是将二者集成使用。企业管理，需要有"机器"的部分，亦需要有人为的部分，偏执任

---

① 二者的双向增强之间并不矛盾，正如完善法治体系与人们更具自由度之间并不矛盾一样。操作管理上，应是一种规则与创造性的叠加模式；规则和创造性之间不是一种此多彼少的比例关系，而是200%的关系，即100%地遵循规则和100%地寻求可能的更好的做法。

何一个方面都是错的。至于哪个更重要，我认为是由欠缺性确定的，相对欠缺的即为更重要的。但总体而言，人为部分比"机器"部分更重要：商业世界的本质是它的发展性，而不是停留在现有的水平上；人为可以替代机器，但机器不能替代人为；"机器"部分是人为创造的结果；工具的作用的发挥同时取决于使用工具的人——丰田公司在"看板系统"（相对于现在，可以被理解为是一种简陋的信息系统）的辅助下实现了 JIT（Just In Time）生产，然而目前许多企业在一种先进的信息系统的辅助下，未必实现得了，这背后的差别应该在人上。

正如穆勒所说："如果不是不断有人以其随起随生的原创力，阻止那些信仰和惯例变得只剩下机械的传统，那么如此僵死之物将经不起任何真正有活力的事物哪怕最轻微的一击。"[①] 在基本框架下充分发挥操作主体的作用，应作为原则。框架与活力，守成与创新的某种结合，也是管理迭代的实践方式和有效的实现方式。操作管理，是作坊式和个人式的。操作管理上要有活力、不断地有发展。任何东西都不可能凭空出现，系统演进不是跳跃式的，而是经形成而产生的。活力来自可以自决，过度的管控会导致失去活力。过程创造结果，操作管理同时又是一个创造性设计和自我设计的过程。

尤其是在变革和转型阶段，企业更需要做的恰恰是去除一些"机器"性的部分。就像 GE 公司原 CEO 杰克·韦尔奇说的："CEO 的工作不总是发号施令，你还要做清除杂物的人。清除杂物绝不是件小事，不可能一瞬间所有办事流程都变得这边也顺利、那边也顺利。你的员工面前，可能有 20 条规定阻碍工作，得由你去逐个打破这些障碍。我们经常用冰壶来做比喻……拿把扫帚在冰壶前面（扫），你就要去当清除障碍的人，做好首席清障官，这样后面的人才能顺利做事。"

[①] 约翰·穆勒. 论自由 [M]. 孟凡礼, 译. 上海：上海三联书店出版社, 2019.

管理信息系统和管理软件等,是这类"机器"家族的新成员。很多企业都很热衷于这类新"机器"。但想用管理软件等这种机器性的东西去有效管理一个具有无限可能性和发展性的管理对象的思维,是不符合逻辑的;而且,在这上面的跟风投资还将导致很高的沉没成本发生。解决企业管理问题的基本方式有三个:设计、人为,以及改变二者的组合。解决管理问题时,不能一味地增加制度的设计,正如一位企业家所说:"当管理出现问题的时候,特别容易做加法,最终造成组织拥堵、官僚产生,变成我们在做正确的事情时把事做错了。"

企业最初的管理体系,是一个完全由人构成的管理体系;然后,产生一些明确的设计——我称之为"管理理性的结晶",这些设计成为整个管理体系的新构成成分;但原来的那个完全由人构成的管理体系(理性主体体系)仍然存在,并继续发挥它的创造管理的功能。在商业世界从生产型向创新型演进的基本趋势下,这种平衡一直在向更偏重人为模式的方向移动,包括在任务的组织上,即时性任务越来越多,都需要由人来临时做出安排。越是生产性企业(如富士康),"机器"部分越大,越是创新型企业(如美国硅谷的那些企业)和追求快速发展的企业,人为部分越大,这是必然的——这类企业更需要唤起每一位员工的管理者意识、责任感和潜能,以及进一步提升企业管理者的管理者素质[①]。

2.3 管理层管理架构的问题

管理层管理架构,是指一种将管理权配置给专门的管理人员和管理部

[①] 在一个演进的商业世界,那种基于现实的观察而得出的结论有可能是错误的。例如,中国是一个低端制造业大国,如果是基于现实,很容易得出这样的结论,即企业应进一步提升生产制造的效率,包括实施所谓的数字化转型战略和降本增效管理等。而实际上,中国企业真正需要的是向一种更高级的、创新型的企业发展。

门的管理架构，或者说，由专门的人群和部门负责企业管理的管理架构，如图2-5所示。这也是实践中流行的管理体制，其中管理层可能再被分出高层、中层、基层三个层级。人们甚至还发展出了一套管理层的管理学，如（各层级）管理人（managers，或译作"经理人"）的职责是什么，作为管理者应该具有怎样的能力和管理技巧，对被管理者如何进行更有效的激励和约束，如何提高预测和计划的准确性，如何实现从科研或业务人员向管理人员的转型，如何成为卓有成效的管理者——彼得·德鲁克就出过一本书 *The Effective Executive*（中文译为《卓有成效的管理者》），并被许多人推崇等[①]。

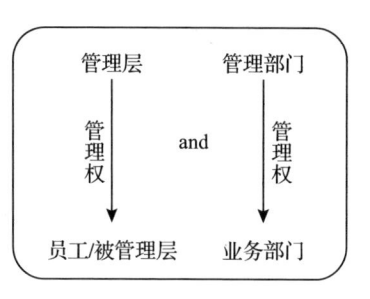

图 2-5　管理层管理架构

管理层管理架构下问题很多（只是由于长期以来人们默认了这种管理架构，所以面对这些问题时，并没有往管理架构的原因上想），例如：让创造价值的主体被不创造价值的主体管理，这是对价值系统的合理秩序的扭曲，并反过来造成对系统的价值创造性潜能的抑制，以及两类主体之间的关系紧张。这种架构可能使一些真正有管理能力的人（长期）处在被压制的状态——因为他已经被设定为被管理者了。没有了空间，便也就没有了努力的意义。人的管理能力需要训练，如果没有训练的机会，就很难达到一定的水平，所以我们会发现，被管理者总是表现出不会管理——这就构成了一个死循环，并使得这类企业很难走出这种模式。

人都是有"自主权"（Autonomy，感觉到自己在管理自己的行为）方面的心理需求的。没有谁愿意在别人的"管理"下工作，人们对强加于己的东

---

① 官民社会的传统，也使得中国企业大多有一种管理层管理架构的思维和意识——中国企业中的"干部"一词，已经充分道出了这一点。

西，天然是抗拒的，尤其是那些更具个性的（一代/类）人。这种管理模式难免遭遇被管理主体的心理上的抵制和对立。它不利于让员工产生成就感，也就没有来自自我成就的需求而生出的内在激励，长此以往，员工的这种需求会被瓦解和消散；它会导致被管理者感到沮丧，无法表达自己，更有甚者会出现焦虑和紧张情绪。作为一个存在，如果没有获得独立，那他就还不是他自己；这种"不是"也将导致自我不能充分利用自我的天赋和能量。越是被要求付出，越是不愿意付出；唯有自愿才能让人爆发出全部能量。心理上主动投入一项工作和被动地参与一项工作，是两种情况，结果也不同。

任何成就都来自对智力的动用。社会系统的进化产生于一个量子力学过程，即主观对对象的作用过程。雇用一个人，如果只是利用了他的"手"，那就太可惜了。在管理层管理架构的运行模式下，只有管理层在"想"，员工们只是"做"，这不仅是对员工的主观资源的极大浪费（主观作用力是一种资源，而且只为主观者所拥有和使用），而且在这种主观与作用对象分离（或者说，管理者悬置在管理对象之上/之外）的情况下，不会产生有效的创造性——真正的创新只有当你亲自参与其中时才有可能。雇人搞创新就是利用"他者"的主观，所以，雇用一个人，又对他严加管制，则事实上已经失去了雇用他的意义——因为，这等于是又摒弃了"他者"。换句话说，对企业而言，最为关键的资源是创造企业的资源（可称之为"企业家资源"），而管理层管理架构内含着对这种资源（至少是部分）的摒弃和搁置。

最有效的管理者，一定是最懂管理对象的人[①]。经历过才真的能懂，因为其中有许多暗默的东西，没有经历过的人的思维中是不可能有这些东西的；被别人表达出来的，或者说显性的东西只是这种经历过程中全部内容的很小一部分，并带有别人的视角。理解顾客需求背后的消费欲望，只有

---

① 这也决定了谁才应该是某个企业的老板。让一个完全不懂芯片的人去经营和管理一家芯片企业，结果是不难想象的。

那些最接近顾客的人才能做到，正如当我们自己作为需求者时，我们自己最知道自己需要什么。管理的专职化，必然导致管理者远离管理对象，从而失去管理能力，并最终堕落为现有程序的执行者。

更加靠近你的对象，才能理解你的对象并对你的对象有所认知。合理还是不合理，节约还是不节约，行还是不行，往往是直接当事人更清楚和更有判断能力。终究还是要建立在经验的基础上，人们很难认知自己没有体验过的东西。无论是认知还是方法，都只能在与对象的深度互动中产生[①]；无论是改进还是突破，同样是来自这样的一个过程。有效的管理，只可能产生于"我"与管理对象的这种互动。离对象越远，越不可能产生对对象的认知。没有与对象的相处，怎么可能有对对象的认知；没有对对象的认知，怎么可能提出好的方案。知识具有分散性、场景性和隐含性，任何一个人都不可能掌握他人的全部知识，所以他至少是相对无知的。人们经常抱怨管理者总是不做决策，其实管理者有时不是不做决策，而是做不出决策——管理层管理体制的运行原本是基于权力的，而不是基于专业的。

例如日本企业认同一个公式：工作 = 作业 + 改善。可是，即便工作者愿意改善，如果其本人不能做主，又如何能够改善呢？而对于如生产制造的工序、操作、设备、材料、操作人员、表单等细节的改善，没有当事人的有效参与，又能改善多少？问题和改进的空间又能被发现多少？工作者不能做主，就只能是完成作业，而不附带改善，这是必然的；而不从事那项工作的管理者，又不知道该改善什么，以及如何改善。对于一线的问题，管理层愿意解决，但不"能"解决，员工"能"解决，但没有欲望去解决，或无权解决；管理者会抱怨员工不合作，员工会抱怨管理者瞎指挥——在管理层管理架构下，这些问题都是无解的。

[①] 这就是知识的创生时刻，是所有人类知识的产生方式；也因此，每个人，实际上都有可能创造出自己的一手知识——如果他能回到这种知识创造的方式上。

每一个点展开了都是一方天地，有其自身的结构和复杂性。如果不能将管理对象展开，我们可作为的空间其实是很小的，而且我们也不能肯定我们的那些简单的做法本身是对是错——事物的宏观是被其微观结构和机理所决定的。一个个环节、活动和点上的有效展开，旁人是很难做得到的，只有沉浸其中的人才可能发现这个问题其实还可以这样或那样解决。许多细节累积起来的效果，就是企业的命运——企业是全部细节的总和。那种无限精益和细节上的把握，根本就不是局外人能够"指挥"得了的。

人类的每一次重大突破，其实都孕育了很久，外力的干预会使得这种孕育很难发生。没有新的东西生发，系统就会始终处在一种贫乏和贫瘠的状态，我称之为"纸片化状态"。那种"老板型"企业之所以发展不起来，其实是它的管理结构注定的。

自主性行为中，才会有文化心理的成分——自主性行为中，才会有主观上的选择问题，才会涉及价值观的问题。对一个完全被动的主体而言，他的行为中能有什么价值观的成分？[1] 他又需要什么文化？企业文化是共同体文化，二元性主体结构下的管理者和被管理者并不构成共同体，正如奴隶和奴隶主阶层不构成共同体一样，他们不可能拥有共同的价值观和文化心理，他们也必然是各有各的文化。那种表面上的接受，只是策略，而非认同。在这种管理体制下，很难形成共同的企业文化。没有真正拥有一种东西，就不能真正拥有那种价值观。在管理层管理体制下，让被管理者拥有管理者的价值观，可能吗？

管理层管理模式亦是一种集权模式和中心式管理模式，即把本该属于别人的权力配置在所谓的管理层手里[2]。对于一个根本复杂性系统，中心式管理模式是根本无效的，即便该中心主体不存在道德上的缺陷。管理层管

---

[1] 我们经常会听到员工们说这样一句话：你说怎么做，我按照你的要求做就是了！

[2] 我认为，企业要做的不是"分权"，而是管理权的"还原"。"分权"是"集权"模式下的"分权"，本质上还是集权模式；管理权"还原"才是换一种模式。

2 谁是管理者

理架构下很容易滋生官僚主义，因为它就是一种官僚体制。这种管理体制下，管理者往往会倾向于通过技术手段，通过增强管理的"机器"部分强化对管理对象的管控；就算这种增强是有用的，也只是对生产性活动有用，而对创造性活动和改进管理的任务均不适用。权力只能运行一个简单、低级的系统，无法运行一个复杂、高级的系统。复杂的高技术产品是以和平和自愿为基础的复杂关系网的产物；即便是获取了这种复杂的高技术产品，那种低级组织也不可能靠自身的组织架构将这种技术产品的经营有效运转起来，并将螺旋式下降和回到原来的状态。在复杂性的产业中，对知识的依赖，对复杂性管理能力的依赖，会使得简单的权力操作出现困境，并由于太过复杂而无法管理。管理层管理体制下，企业自然也无法实现向一类高级主体的转型。

管理层管理架构下的一个显而易见的问题是，"直接当事者的管理"缺位，甚至转变成一种对立的力量。管理层的管理有一部分是越位管理，是"他者"的管理以及"旁观者式的管理"。管理层管理架构下，必然存在管理者能力不足的问题，因为这个问题就是这种模式制造出来的，不可能在这种模式下得到解决——在这种模式下，管理者被要求是"神人"，否则将难以胜任，而我们不可能让管理层变得无所不能。正如托马斯·潘恩在《常识》一书中所说："国王的身份使他昧于世事，而国王的职务却要求他洞悉一切。"管理的专职化，意味着管理与管理对象的割裂与错位。专职的管理部门和人员，必然越来越"虚"，越来越形式化，越来越没什么存在的价值。不投入到事物之中，你不可能有对事物的管理能力。

管理层管理架构经常导致管理关系扭曲，即出现一种"因为他是管理者所以他说了算，而不是因为他是最懂得的所以他说了算"的现象。职业管理者模式注定以悲剧收场，有时候也不是管理者们不努力，而是他根本做不到，赋予他的任务无法实现。他们终将成为平庸和无能的管理者。这种秩序扭曲下出现的问题，并非某一方的错；你可以看到他们各自的问题，但就是任谁也解决不了。人都有合理化自己的行为的心理倾向，基本范式不变的情况下，实质性改变也很难发生。

　　对立的情况下，难免会出现说谎和造假的问题，从而使得这种管理的有限的有效性本身更进一步地打折扣。由于博弈的原因，管理将难免走向策略性而荒废科学性，企业更像是一个博弈的场所。阶层之间很难产生出自内在的合作，而组织，尤其是那种复杂性任务组织的高效运行是基于合作的。不要寄希望于这种管理层架构下能有什么奇迹，这种结构就是在使奇迹不会发生，正如皇权体制就是要使社会维持现状。管理层架构本身就是那个问题。没有一线人员的有效参与，精益管理有可能实现吗？许多企业就是在这种管理层管理架构下搞精益管理，又怎么可能成功？是微观积累的方向和速度，决定最终宏观结果的表现。

　　在管理层管理架构下，管理既不可能敏捷，也不可能有效，正如詹·卡尔森在《关键时刻》一书中所说："假如一名球员正带球冲向对方球门，快到时却突然停下来，径自跑向球场边，请示教练该怎样射门。不用说，等他决定好如何射门时，球早就不见了，球赛也可能就此输掉……这种想法在我看来，无异于把经验丰富的水手留在岸上，而自己驾着小船驶往未知的危险水域。"

　　企业的管理架构，同时又是企业创造管理方案的组织方式。企业的管理机构具有执行与创造双重功能。管理层管理架构还阻断了从操作管理上的创新到管理设计的形成的自然过程，导致管理生成功能的残缺和低效能。没有设计素材，自然是巧妇难为无米之炊，再好的技术也填补不了对对象本身认知不足的缺陷。在管理层管理架构下，不可能建成知识创造型企业或社会，管理的设计和改进都是阵发式的，而且效果一定是非常不好的。作为企业管理知识的生产模式，它是无效或低效的。企业的管理，应该是一个持续的、有效的创建过程，正如人的体型随人自然生长而成一样。在管理层管理架构下，只有管理层是创建者；在直接管理主体架构下，每个人都是创建者，而

2 谁是管理者

且是有效的创建者。同时，顶层的试错成本高，个体试错成本低。

杜鲁门说："如果你不在乎功劳落到谁头上，你能做成的事将会非常惊人。"①管控是一种自限。当我们想着要掌控一切的时候，我们便陷入了与一切的对立。越是管控，系统的自然生长能力越弱。没有自然生长做基础的"生长"终究是长不起来的，因为没有实质性的、有价值的内容产生——很多企业热衷于通过成立部门的方式强化这个或那个，布局这个产业或那个产业，有什么实质意义呢？

如果一家企业只是某一个中心意志的贯彻，那它所能取得的成就就完全取决于这个中心人物，就会完全受这个中心人物的局限。史蒂夫·乔布斯对那种团队的力量曾发出这样的感叹：本来只是寻常不过的石头，经由互相摩擦、互相碰撞，发出些许噪声，结果变成美丽光滑的石头，这件事我一直记在脑海里，用它来比喻为所热爱的事情全力工作的团队；正是通过团队合作，集合一群才华横溢的伙伴，相互碰撞，通过辩论、对抗、争吵，相互打磨，磨砺彼此的想法，才能创造出美丽的"石头"——这很难解释，但显然这不是某个人的成就。

如果我们赋予一些人"管理者"身份，他就一定要去实施"管理"，正如路西法效应所揭示的，人们会投入到自己的社会角色中。把权力赋予某些人，则就会受这些人的局限，如果这些人本身的思维和观念都已经固化了，又没有学习能力，那就锁死了。

管理层管理架构下的管理变革由管理层设计和推动，并要求员工接受和适应，这里面是有很多问题的。这会使管理本质上还是管理者一个人在做事，而他事实上又做不了很多事；这会使被管理者事实上成为管理改进的"旁观者"，甚至对立者。在管理层管理架构下，被管理层很容易成为被

---

① 人们常常焦虑得不到某个结果，却不去考察这个结果是怎么产生的。企业在管理上经常热衷于引入这个方法、那个方法，却总是忽视那种"创世"的根本性力量。

忽视的"能量区",甚至成为一种负能量。在对立的情况下,管理改进会遭到抵制,例如弗雷德里克·温斯洛·泰勒当年在推行他的科学管理时就经常遇到这种情况。

企业自身的管理潜能是企业的"内能",它是企业生存和发展的凭借。不能把管理层管理架构下的管理层的管理能力当成企业的管理潜能。一群人的能量肯定比一个人的大,一群人的管理能力肯定比一个人的强,况且还要把被管理者变成负向因素。没有员工的创造性力量的发挥,企业凭什么发展?"管理层的独角戏"是很难唱出彩的,管理能力不足的结果是管理的简单粗暴。每个人都有一个视角,都能看到只有他才能看到的东西。再"能"的老板也填补不了他者不在其位的空缺。任何人的能力都有边界,超出这个边界,问题的严重性就表现出来了。要想获得进一步的发展,企业必须不断挖掘和释放管理的"内能"。

越位即错位,自然难以产生最佳的结果。在基本关系错位的情况下,再怎么修补也无济于事。技术性手段弥补不了事物的根本性缺陷。这种管理思维的产生同样可以追溯到"管理是一项职能"的错误认识上;在这种思维下,管理也被视为一项专职性和专门性的工作。

理论上,不应有"专职"的管理者。企业为什么非要设那种职业"高管""管理部门"等?他们真的是必需的吗?在漫长的历史中,人们也当然地认为国王是必须有的,一班大臣也是必须有的,可现在看来如何呢?没有他们,便也不会受他们的局限,也就没有了那种体制性问题。

2.4　直接管理主体原则

在《卓有成效的管理者》一书中,德鲁克认为:"在一个现代组织中,如果一位知识工作者能够凭借其职位和知识,对该组织负有贡献的责任,因而能实质性地影响该组织的经营能力及达成的成果,那么他就是一位管理者。"[1]德鲁克关于管理者的判断标准是，能否做影响组织成果的决策。也就是说，在德鲁克眼里，管理者仅指组织中的某一类人和某一部分人；作为管理者，是有条件的，是被"视为"和"当作"的，是人为"定义"的。而本来的情况正如詹·卡尔森在《关键时刻》一书中所说：每个人都是"自己所面对的特殊情况"的管理者。每一个直接当事者，都是其所"当事"的自然管理主体；每一个行为主体，都天然地是管理者。德鲁克的观点是一个并不显而易见的根本性错误，是一种属于经验者的错误。这两种认识，表面上看好像也没什么大的差别，其实大相径庭，并导致走上根本不同的实践道路——正如乔布斯谈他跟斯卡利的那种微妙的差别的巨大不同一样[2]。

直接当事人是天然的管理主体，也是理论上的最佳的管理主体。直接管理主体可以直接做出有效反应，是最敏捷的[3]，也是最高效的。所以，应遵循直接管理主体原则。企业就是企业的直接当事者，也是企业的直接管理主体[4]。直接当事者都作为管理主体并都具有相应的管理能力，是企业管理能力的理论上限。直接管理主体原则可以更进一步地抽象为"直接性"

---

[1] 彼得·德鲁克.卓有成效的管理者[M].许是祥，译.北京：机械工业出版社，2005.

[2] 我的激情所在是打造一家可以传世的公司，这家公司里的人动力十足地创造伟大的产品。其他一切都是第二位的。当然，能赚钱很棒，因为那样你才能够制造伟大的产品。但是动力来自产品，而不是利润。斯卡利本末倒置，把赚钱当成了目标。这只是个微妙的差别，但其结果却会影响每一件事：你聘用谁，提拔谁，会议上讨论什么事情。——摘自《史蒂夫·乔布斯传》（沃尔特·艾萨克森著，中信出版社2014年出版）。

[3] 自管理的反应链条是最短的，当然也是最敏捷的——所谓的敏捷组织，一定是以自管理为基础的，否则，不可能敏捷。

[4] 市场经济模式的有效性也在于它就是一种"直接当事人决策模式"。企业作为一个主体，是一个自我管理单元，也是被管理者——被商业世界的规则"管理"着，只是企业是通过自我管理回应这种被管理，用以回应这种被管理的自我管理即企业的"战略"。

原则——既然间接性导致低效、无效和职责不清[1]，企业在经营和管理的方方面面都应该追求一种更具"直接性"的模式[2]。

直接管理主体，包括直接利益主体。例如有文章认为，在美国，煤矿业的安全指数甚至高于零售业，究其原因，除了技术、法律和政府有效监管之外，煤矿安全终极监督的权力在工人手中，而不是在矿主或者某个上级部门手中。日本企业的"安灯"机制，也是一种直接管理者模式。我是我的最直接管理对象，自我管理是这种管理者的首要管理任务。

实际管理架构是在此基础上面向对象的合理性设计，即要进一步纳入任务特点、管理主体的管理能力差异和特别管理要求等因素，因此，实践中不会有完全的直接管理主体模式。

每个人都只针对自己的管理对象，这也降低了管理的难度和工作量，并更有可能展现出创造性和将这种管理精益化。企业作为一个管理对象是复杂的，但并不意味着其中每一个管理者面对的管理对象都是复杂的。

向直接管理主体模式回归是基本趋势，如图 2-6 所示。让该做的人做，才有可能把事情做好，不是吗？人们总是喜欢去思考那些应该由对方思考的问题，这不仅是无效的，而且极具破坏性[3]。授权和分权不属于这种回归，因为那仍然是以终极管理权归属于某些管理者为前提的。在直接管理主体原则下，才会有"当事人"意识的全面回归和觉醒，企业需要这种回

---

[1] 当这种间接的链条足够长，长到无法窥见全貌时，每一个环节上的人都会觉得整体的失败不是自己造成的；换句话说，因果链条太长，则因果由强相关变为弱相关，包括不能获得关于自己的工作的直接反馈。

[2] 例如马斯克会将设计工程师带到工厂现场，使他们直接面对并解决生产中的问题；他注重"白痴指数"（成本与原材料费用比），推动工程师精确了解并降低他们负责部分的成本。

[3] 这类关系和意识行为上的错误，很少被注意到，但往往就是问题的关键所在。把关系搞对比把事情做对更重要，因为前者是后者的一个前提。我们需要认识到事事都有其合理的秩序，我们还需要意识到很多人都有"替别人去想"的偏好。应该是每个人都在该自己努力的事情上努力，而不是在该他人努力的事情上努力。

归——我们无法设计每一次活动、每一个细节，也无法设计得尽善尽美，企业需要每个人都是管理的责任主体和创造性主体。实践中所谓的"躬身入局"，可理解为就位直接管理主体；"躬身入局"的过程就是从间接管理主体转变为直接管理主体的过程。

在直接管理者模式下，各级各类管理主体构成一个管理关系网和一个整体，只是各自的管理内容和目的不同——有单元管理主体、任务管理主体和多任务管理主体等，他们互为管理对象。没有等级，可以有一定的层级——对应着任务层级[1]。所有人在企业的治理[2]框架与平台支持下各尽其责。良好的自我管理、有效的程序和机制、适时的组织支持与支援，也是超级执行力的来源。

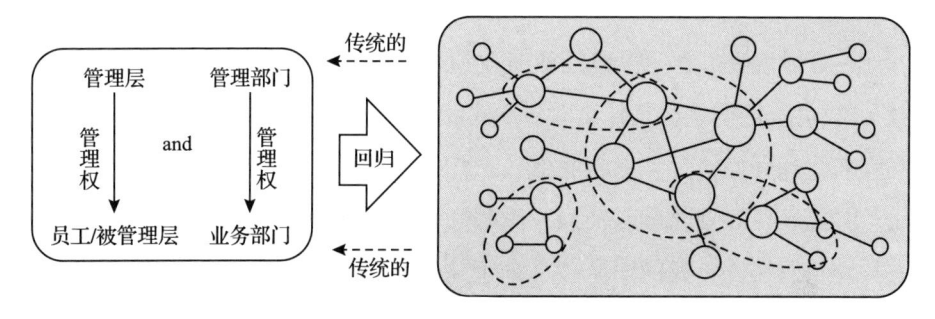

图 2-6 回归直接管理主体模式

回归自然秩序，一切就会和谐，一切才有可能朝着可改进的方向发展。人为错误造成的损失也会被降到最低。在一个去中心化的结构下，任何一个片段主体的失能所能造成的伤害都是有限的[3]。这个过程倒过来（图2-6中虚线箭头表示的过程），就是传统的对企业管理架构的设计，即用管理层（或者说，法定管理主体）替代自然管理主体的管理。正确的做法不是去培

---

[1] 更高层级的管理者最好从内部提拔产生，因为他了解管理对象——之前的自己和自己的工作。
[2] 这里的"治理"是指创建和维持一种模式或秩序。
[3] 正如在"马赛克战"体系中，即使单个平台或节点被毁，也不会影响体系作战能力。

养一群专职的"管理者",而是提高每一个人的管理者素质,并能够将其有效利用。在管理层管理架构下解决不了管理层管理架构自身的问题,正如在计划经济模式下解决不了计划经济模式自身的问题,这是稍微有点逻辑思维能力的人都能想明白的——我们需要先回到正确的模式上。

谷歌公司 CEO 桑达·皮查伊说:"你在管理一个像谷歌这样规模的公司时,你要依赖其他强大的管理者。我觉得我主要做的是,拥有一个出色的管理团队。这是一个学会放手的过程,要真正赋能。组织内各个层级的员工,相信他们做的是正确的。作为领导主要的工作是让员工有所成就,而不是努力让自己成功。另外就是确保自己有优秀的人才。你主要的任务就是帮他们消除阻力,扫除障碍。这样他们才能在自己的岗位上有所贡献,这就是我的领导风格。"

乔布斯说[①]:不记得曾几何时我说"见鬼,我才是 CEO,照我的方法做",我也不记得上次是什么时候说"我们看不对眼,恭喜,另谋高就吧"。但后来,有可能这是苹果教我的,虽然我仍然还有第一时间上阵救场的本能,但我最大的变化就是,当我看到一件事情没做好,我第一反应不再是去救场,而是说,我的团队接下来十几年要成长到顶级水平,而不是只干到明年,所以,我该去帮搞砸事情的人多学点东西,而不是我又亲自去灭火,即使这样很痛苦。

专职管理者模式和自管理模式,建立起来的发展基础是不同的;时间一长,自管理模式的优势便会显示出来。而且,越是具有复杂性、创造性和高知识含量的工作,越是需要遵循直接管理主体原则,因为这是唯一有效的方式,因为这些活动是在各主体的大脑中运行的。同时,在直接管理主体模式下,实际的责任主体和真正的责任主体(或者说,承担责任的主体和实际做事的主体)才是对位的,而不是错位的,归责和归功也更容易

[①] 资料来源:尊品传媒公众号。

做到且更准确,责任约束和成就激励因此能更好地起作用。任务的项目化、知识化、创新性、服务化和不确定性,使得大量的管理决策要在操作层面上做出,使得大量的管理性工作要由直接操作者来完成——只有在承认每个人都是管理者的前提下,才能顺利地走上这条管理创新的道路。任何一种人为的设计都要有它的自然法(或者说理论)基础,没有这个基础的设计是不能成立的,即不会产生设想的结果。

自主地面对事物,才能发展出掌控感[①]。具有掌控感的人更可能发展出自我意识,更容易发展出自信,更容易发展出责任感,也更能把握自己和发展出亲社会行为倾向,更容易发展出优秀的自我管理能力,更能适应各种动态和陌生的环境和问题情境,更容易发展出自我激励(具体表现为面对困难和挫折时更坚强勇敢,甚至愈挫愈勇,不轻言放弃,也不轻易言败)等。必须经历一个自主性的过程,才能产出优秀的管理者,这是显而易见的[②]。

自主管理模式下,管理者得以"沉浸"于一个完全直接体验的世界——那里有着无法否定的真实。由于个体亲身参与其中,所以主体和客体(现象)就一体化了。在主客体一体化的世界里,人不仅可以获得新的视角和心得,还可以获得震撼和感动,或更丰富的想法……人是"知识的主体",采用"单元生产方式"后每一个人都是"万能工匠",当"工匠本性"受到触发时,他们就会自己下功夫搞创意,比如,为了更快、更简便地完成工作,提高生产能力,他们会经常改进工作方法,必要时还会改进工具,以便使用起来更顺手……"单元生产方式"的重要成果则是每个工作人员的知识生产能力的飞跃式提高,新知识的陆续产生。[③] 直接沟通、小

[①] 掌控感,指的是对环境或者自我的一种可以把握、控制的感觉,它是自我发挥的心理基础,因此也是人的一种心理需要。

[②] 企业不能等到需要人才的时候再来"培养"人才,而应该在经营过程中同步地进行人才培养,这是最有效和最经济的培养人才的方式,同时,也不应该浪费这种现成的培养人才的条件。

[③] 野中郁次郎,胜见明.创新的本质[M].林忠鹏,谢群,译.北京:知识产权出版社,2006.

组讨论、会议等团队工作模式，可以理解为各类直接管理主体的共同工作模式和管理的同步实现。横向协调的习惯和能力也需要在横向协调的过程中形成。

每个员工不仅参与了企业的运营，还参与了对作为一个主体的企业自身的创造与塑造，否则，企业自身及其发展（包括管理的发展与改进）从哪里来？那些"老板型"企业，相当于只有"老板"一人在思考和做创造，企业自身的发展这件事，即作为一个主体的企业自身的发展速度、层次和规模都受"老板"一人所限，企业怎么可能发展得快，怎么可能发展到更高的层次？

直接管理主体模式下，同样有对其他主体的管理，但是那种被作为管理对象的管理，而不是被作为被管理者的管理，包括对管理对象的筛选、调配、考核、激励、能力挖掘和培训，以及对管理对象的支持等。如1964年32岁的小比尔·马里奥特从父亲手中接管万豪公司时，父亲为他留下了一封信和一份指导清单，清单的第13条是：不要替员工做他们的工作——可提供咨询和建议。索尼的井深大以及盛田昭夫两位创始人，总是将企业内的各职各岗的状况掌握得清清楚楚，包括职员的个人状况、是否优秀、适合做什么样的工作，甚至包括其家庭成员构成等。熟知索尼内部情况以及制度的索尼前职员原田节雄先生指出，自己在索尼工作时，曾多次不经意回头发现井深大或者盛田昭夫正悄悄地站在自己身后进行观察，并且多次询问自己关于工作内容的想法，原田节雄先生认为，正因为这样，两位领导者才能掌握公司全局，发掘出有能力的职员。[1]再例如乔布斯每周都会召集管理团队，在毫无议事日程的情况下讨论新想法；每周三下午，他会跟市场团队和广告团队进行同样的会议，而且这些会议严禁使用PPT，他用这种方式使员工在会上能够完全投入，并能产生灵感和奇思妙想。

---

[1] 资料来源：互联网。

不能以"强化管理"或"规范管理"的名义将直接管理主体模式扭转为一种管理层管理模式，那样将导致出现"一收就死"的问题；同时，要对直接管理主体模式进行完善，否则，又会出现"一放就乱"的问题。在直接管理主体模式下，各主体的管理是可以各自增强的，也是需要各自增强的。例如，如果把供应链厂商看成零部件或组装部门，他们是自主管理的；同时采购方对他们也是有管理的，但与那种传统的管理层对被管理层的管理不同，就像有人这样说特斯拉对供应商的管理——哪个地方不达标，哪个地方整改，哪个地方整改不行直接降级，直接降级后别的供应商直接替代你。

如果任务是跨组织边界的，这种管理链条也是跨组织边界的。以苹果公司为例：几乎所有苹果的代工厂都有一间专门的 Apple Room，这是苹果驻场专家办公的地方。苹果每年向代工厂派去的驻厂人员达百人以上，涵盖物料、研发、采购、生产管理、售后等所有和产品相关的部门，以确保出品时效性。这些驻厂专家在工厂里都担任核心职位，直接把控了生产节奏。具体而言，通常由全球供应链经理（GSM）牵头，根据产品需求计划推动项目进展，驻场团队会每天检查生产数据，核对供应商报表的真实性和准确性，如果发现欺骗或故意造假，就会重罚供应商[①]。直接管理主体模式，也使得企业间的这种直接在任务层面进行合作的路径被打通。这时，企业的边界就只是一种权利边界，而不再是事物运行的边界——无边界运行模式得以实现。

事情的很大一部分要由当事者完成，当事者有一种把事情做到最好的用心比什么管理都重要。[②]绝大部分管理变革的核心是回归正确（所以也不能

[①] 资料来源：远川研究所公众号文章《苹果产业链的烦恼：Assembled in China or Not》，作者叶子凌。

[②] 需要特别加以补充和强调的是，"让当事者有一种把事情做到最好的用心"本身，也是一种管理，或者说是通过管理实现的，我称之为"正向管理"。

是在原来的框架下改进和修补的思维）。那些陷入困境的企业更是需要这种转型和回归。正如野中郁次郎所说：日本大企业接二连三经营破产，大多起因于过度倾向于形式理论所带来的弊病……要改革这样破产的企业，除了从外部引进形式知识外，最重要的是唤回员工们的主体当事者意识，使他们每个人的责任感复苏。在现代企业中，如果放弃这种意识，每个人都有可能堕落成旁观者。此时，如何让实际存在者"重新掌握大权"才是关键。[①]

这种管理架构对应的是一种新的运作模式。正如雀巢公司原执行副总裁 Magdi Batato 等在 HBR 英文官网发表的文章中提出的，企业应运用辅助性原则（subsidiarity principle）来构建新的运营管理模式（并以雀巢全球60个工厂实施的"以作业员为中心的组织"作为案例）。辅助性原则主张在最低或最小的组织层级解决问题，只有当这些层级不能有效处理时，更高的组织层级才应介入。在运营管理中，高层管理人员应侧重于战略性决策，如资本分配和市场拓展。相反，战术性问题，如采购、物流和分销，最好由那些距离问题最近、了解情况最全面的人员来决定。

当然，要实现这种更分散的、响应式的运行模式，并不是这样设计一下就可以了，还有其他的条件，比如信任、人才、透明度、领导力、机制和技术，以及个人的管理者素质（如图2-7所示）——正如奈飞公司CEO里德·哈斯廷斯所说：我们要像大联盟棒球队一样。球场上的位置就那么多，如果场上的每个人都不擅长自己的本职工作，那这支队伍必输无疑。所以我辞退了很多人，我们给每个人公平的机会，在招聘上也非常开放，即将要加入的人知道自己将要面对什么。但我们在寻找那些为自由和责任工作的人，因为他们要做的是了不起的工作。

---

① 野中郁次郎，胜见明.创新的本质［M］.林忠鹏，谢群，译.北京：知识产权出版社，2006.

2 谁是管理者

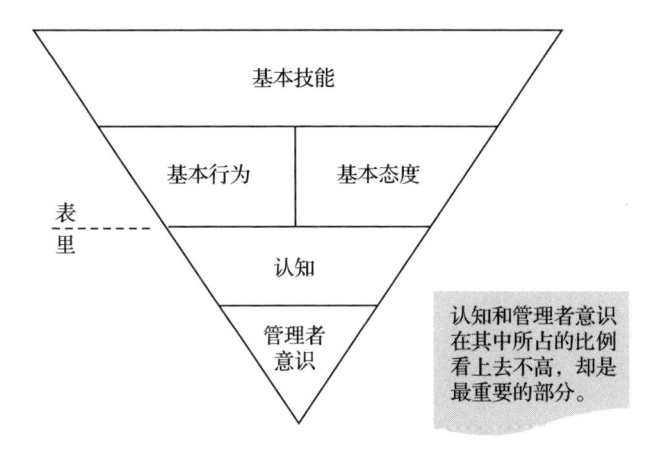

```
        基本技能
      基本行为 | 基本态度
        认知
      管理者意识
```

认知和管理者意识在其中所占的比例看上去不高,却是最重要的部分。

表里

图 2-7 个人管理者素质模型

企业就像一部机器,要各组件和系统配套才能运行,换一种运行方式,相当于换一种机器,它是一个系统性工程——这也是管理变革的一个底层逻辑,以及许多(单项)变革没有成功的一个原因。因为局部更换的模式是不成立的,就如只给一辆车换了一种结构设计,其他的都没换,这样一来,新车子可能会运行不畅或根本就运行不起来,也有可能出现半路翻车或抛锚。[①]

[①] 我把这个观点称为企业管理的"整体论"。例如奈飞公司在取消差旅及报销制度后,会鼓励管理人员就员工如何进行事前支付及事后审核设定相关情景;如果有超支的情况,需要设定更加详细的情景;企业取消费用管控之后,财务部门每年需要对收据进行抽检;如果员工滥用权利,无论其表现多么优秀,都应予以开除并向全体员工进行通报,以此告诫其他员工这类行为的严重后果。管理的转型和变革,需要的是建立起一个新的"整体",所以,总是有一定的难度。

战略的自我决定论 3

3.1 战略的要件是洞见

"战略是什么"的问题可转换为，为什么需要战略以及需要它是什么的问题。战略同样源于一种需要，即企业要取得最佳经营效果的需要，要提高自我经营的有效性和效率性的需要。战略是管理的构成，而不是与管理并列的一个东西；战略属于管理，具有与管理同质的属性和功能[①]。战略的作用还在于，它会唤起和组织起一种行动，从而使得战略变成现实——正

---

① 把两个同质的东西归为两类，是对它们的同质性的否定，并至少带来对其中一个的归类错误。不仅战略属于管理，产品设计、业务设计，以及工作场所设计等都属于企业管理的范畴，都是具有相同的性质、功能、目的和评价标准的东西。管理是对管理对象的管理，关于管理对象的一切都属于管理的对象，关于管理对象的一切的决策与设计都属于管理的范畴——如果这种决策与设计影响企业经营的有效性和效率。我把企业的管理划分为三个圈层：战略、产品设计，属第一圈层的管理；业务设计与运营管理，属第二圈层的管理；组织与职能管理，属第三圈层的管理。相对而言，第一圈层的管理最为重要，因为其直接构成企业提供给市场的价值；其次是第二圈层的管理，是对第一圈层的实现；第三圈层的管理是对第一和第二圈层的条件、资源问题的解决和保障性管理。这个，我又称之为企业管理的"圈层理论"。站在企业最终输出的价值的角度上看，第一和第二圈层的管理属"直接管理"，第三圈层的管理属"间接管理"。"间接管理"的功能之一是保障"直接管理"的地位。企业的管理的秩序要与价值秩序相一致，与价值秩序相悖的管理的作用是负的。"工程师文化"，内含了这种管理的秩序。而传统管理学中没有关于第一和第二圈层的管理的内容，这也使得人们往往看不到直接价值创造者的管理者角色和管理者价值，并容易导致价值管理者与职能管理者的主辅关系颠倒。

如美国社会学家罗伯特·默顿提出的"预言的自我实现"那样。战略是具有牵引作用的管理。战略管理的核心，是对企业的价值方向和价值形式的管理。企业战略，也是对企业作为一个怎样的市场主体的设计与管理；业务战略，是对业务作为一个怎样的价值形式的设计与管理。战略的功能在于：方向、正确性、建立优势，以及发起和管理一个过程。战略不是必须有的，但有和没有相比，经营效果是不同的。

对于对企业而言如此重要的战略，当然需要被建立在一个可以确信的东西之上，洞见提供了这样一个基点和确定性，如图3-1所示。例如，杰夫·贝索斯的"权力的天平正在从公司倾斜向消费者"的洞见，就为亚马逊的经营体系的建立提供了一个这样的基点。与不确定性共舞，并不是要将自己置于不确定性之中。只有确定性才能带来确定的结果，我们当然应该尽可能地投身于一个确定可以成功的事业。洞见赋予企业一条明确的可成功之路，一个可以确信的经营方向——至少是值得一赌的经营方向。

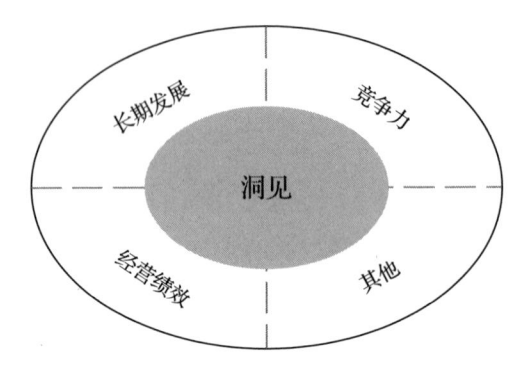

图 3-1 洞见是战略的基础性构成

战略发展就是，看准了，并全力以赴，或者如山姆·阿尔特曼所说：将你的资源集中在少量高可信度的赌注上。例如2010年前后，黄仁勋敏锐地发现显卡在深度学习算法中有卓越的表现，于是英伟达开始豪赌显卡在人工智能领域的运用。黄仁勋说："我最爱我们公司的一点是，我们有勇气坚持自己的信念。我们曾以为最初的两代产品会大放异彩，我们倾注了所有的心血，结果全部失败了，彻底失败，我们差点就要退出这个行业了。但当时我们没有足够的资本重新来过，钱不够，时间也很紧迫，所以我们决定打破旧思路，用全新的方式去构建这个产品。为此我们需要购买一个计算机模拟器，而制造它的公司那时濒临破产，那会儿已经没人再买这个了。我们孤注一掷，用一半的存款，从一家快倒闭的公司买进了这个模拟器——没有人会这样做，当时我们坚信这是正确的决定。事实证明，这台模拟器帮助我们成为业界翘楚。"

能战略发展自然是好的，但并非谁都能获得洞见。并非所有的企业都有战略，以及都采用战略发展模式。并非那些大企业和大人物就一定能制定出好的战略。通用电气公司（GE）前董事长兼首席执行官杰夫·伊梅尔特的数字化转型战略就被证明是个错误。洞见如果轻而易举就能获得，就不会有那么多企业走向失败，就不会有那么多卓越企业后来又再次落入平庸。

没有洞见内涵的战略并不具有战略的价值和意义，不能算是战略。不能把战略与一种"经营策划"或"经营计划"相混淆。很多企业的所谓战略，其实只是一个经营计划和关于经营的目标管理策划案而已，谈不上战略，也不应冠以战略之名，否则会引起自我蒙蔽和误导，阻碍对真正的战略性机会的有意识的创造、把握并失去战略的敏感性——因为他们会认为自己已经有战略了。

错误的战略，同样不具有战略的价值，也是不可能被实现的。人们难以在明知错误的事情上真心投入，正如山姆·阿尔特曼所说："我还发现，如果我感觉没有动力，通常是因为，所做的事情不对。"我认为，那些没有被实现的"战略"，至少有80%是因为它根本不可能实现，顶多有20%是由于"执行"的原因——要知道，并不是我们把一个东西贴上"战略"的标签（如有些企业郑重其事地制定和发布的所谓的"战略规划"文件），它就是战略了。很多企业把战略的落空归咎于战略的"执行"，那是一个错误。

关于战略的定义很多[①]，但都是以现象描述而不是通过回答"为何需要战略"去揭示战略的含义，都属盲人摸象，都没有触及战略的实质，都缺乏那个灵魂性的内容。目前谈战略的人很多，但真的懂战略的人甚少，其中绝大部分不过是停留在一些非常有待商榷的战略的概念中罢了。如果说战略的核心是洞见，则目前那些所谓的战略制定的工具就都毫无意义，则那些所谓的战略管理大师们的战略管理思想在根本上就是错的，则像麦肯锡等就不是战略咨询公司，而是一种商业策略咨询公司。

另外，一句简单的、泛泛的"客户导向"也并不能替代洞见作为战略制定的要件的原则。举个英伟达的例子，黄仁勋曾说：1993年，我们是世界上唯一一家面向消费者的3D图形公司。到了1995年，硅谷的同类型公司有50~70家，后来我们要与200家公司竞争。但现在我们做到了世界领先，为什么呢？我一直认为你需要了解自己是做什么的，你公司业务的本质是什么，为什么现在能发展起来。所以我们的第一个观点就是，3D图片领域是永远都要创新的，每年都还要做比之前好两倍的产品，即使客户从来没有要求过这些，即使他们告诉我们新产品太贵了，即使客户在我们公布产品时说他们完全不感兴趣。当客户告诉你不要这么做的时候，你会如何呢？在我们公司发展的最初5年里，我们隔绝了外界的声音，选择暂时忽视客户需求。

---

① 例如：战略是鲜活的、有呼吸的、完全动态的游戏；战略是引导并推动一家企业获得成功的一体化选择；战略就是创造一种独特、有利的定位；战略是为经济利润创造形势并找到维持它的方法；战略是为公司创造竞争优势，为客户、股东创造价值的一系列行动举措；战略是一系列关于在哪里竞争以及如何取胜的特定决策；战略是公司或组织达成长期目标的计划和方法；战略根本上是增长和增长方式；战略是定义从事何种业务、成为何种公司设定的目标组合，和实现其的必要计划；战略是通过取舍设计出的一系列可以产生可持续竞争优势的活动的整合；战略是不同时空里ROI（投入产出比）最高的策略；战略是使公司在行业中占有独特定位、创造持续优势和卓越价值的一套整合选择；战略是关于计划、策略、模式、定位，以及视角的合集；战略是连接现在与未来的纽带；战略是一种长期目标和企业目的，以及实现其所需整合的资源和采取的行动；等等。

在企业还没有战略，或者正处在战略迷雾中的时候，则可以以生长性——包括产品创新、效率提升和社会价值性（或客户价值性）增长为原则①。作为企业，必须时刻都要行动，必须都要做决断，企业不能处在一种没有指导性原则和评判标准的状态下。

3.2　战略的自我决定的特征会越来越明显

作为战略生成的关键因素的洞见，是一种个体意识活动过程的产物②。洞见，是一个有真实依据（包括科技上的突破）的创见，这个创见的产生与一种个人的经历和意识活动有关。例如1985年，电子工程学教授欧文·雅各布与其他6名同事创办了一家公司——质量通讯公司，这就是高通的前身，这个公司开始靠一种卡车卫星定位系统维持，直到有一天雅各布看到了军用移动通信技术CDMA，雅各布迷上了这种技术，因为它能提供通话质量更高的手机通信。

例如黄仁勋喜欢视频游戏，他认为市场需要更好的图形芯片。那时（1993年左右），艺术家们开始用被称为"基元"的形状来组装三维多边形，而不是手工绘制像素，这样做省时省力，但需要新的芯片。到2013年，基于计算机科学学术界前景广阔的研究，黄仁勋又将英伟达的未来押在了人工智能上；虽然数十年来，人工智能一直令投资者失望，就连当时英伟达的首席深度学习研究员布莱恩·卡坦扎罗（Bryan Catanzaro）也心存疑虑，但也正如卡坦扎罗后来所说："十多年过去了，他是对的。"

例如早在20世纪50年代，富士通高管尾见半左右就高瞻远瞩地提出，3C（Communication、Computer、Control）时代迟早会到来。公司指派稻叶

---

① 我称之为"基本战略"，基本战略是通用战略，企业战略的具体化和业务战略可以理解为在此基础上开出的花朵——将其中某一个生长出来的价值性的东西作为当下的战略。

② "个体意识"是一类资源，创新和战略发展尤其需要这类资源。

清右卫门负责控制领域的开发。当时美国 MIT 刚刚发布了全世界第一个数控机床系统。稻叶经过十年的不断努力，终于让业务走上正轨，1972 年成立了富士通 FANUC 公司，1982 年更名为 FANUC（发那科）公司。

例如，ZARA 创始人奥尔特加从小在服装行业摸爬滚打，敏锐地观察到了女性消费者对高档服装的普遍青睐与昂贵的价格之间的矛盾，并从中形成了后来 ZARA 的经营思想，即用较便宜的材料仿制流行时装，并以消费者更容易接受的价格出售。

例如，1850 年出生在苏格兰格拉斯哥一个贫穷家庭的立顿品牌的创始人汤姆斯·立顿，有一回到著名的红茶产区锡兰旅游，发现锡兰红茶是英国人非常钟情的饮料，但由于售价高昂，只有上流社会的人才能享用到。立顿敏感地意识到，如果能把红茶引入大众的日常生活，则必然能成为一门好生意。

例如，据说，PayPal 的灵感来源于一本科幻小说。1999 年 10 月，PayPal 创始人、后来的硅谷"创投教父"彼得·蒂尔在人来人往的伦敦机场里排队等待登机时，买了一本尼尔·史蒂芬森（Neal Stephenson）的小说 *Cryptonomicon*（暂译《编码宝典》）。本想用这本书打发时间，却没想到书中"替代货币"的概念让他着了迷，当时，他脱口而出："我也想创立一家公司，就像书里面描写的一样。"

例如，苹果公司的联合创始人沃兹尼亚克在 1975 年（苹果成立的前一年）的"家酿计算机俱乐部"聚会上看到了那个出现在《大众电子》1 月刊封面、号称第一台个人计算机的 Altair 8800，以及驱动这台电脑的 Intel 8080 芯片。Altair 8800 让沃兹尼亚克萌生了自己组装一台计算机的想法。当沃兹尼亚克把组装好的微型计算机展示给史蒂夫·乔布斯的时候，后者大吃一惊，并意识到这可能是一次伟大的商业机会。就这样，苹果的故事开始了[1]。

---

[1] 资料来源：远川研究所公众号。

3 战略的自我决定论

洞见并不是天上掉下来的，也不是你单纯地站在现象层面就能瞥见的。洞见本身是一个意识，一个新的意识。一个新意识的产生，我认为是一个潜意识与外在提示结合的过程。首先，因某种原因而让我们产生一种"寻找的潜意识"，当这种潜意识遇到一种外在东西的触动和提示（我将其称为"意识的外部输入"）时，一个新意识"火花"可能会突然产生[①]。任何一个新意识都有一个从产生到不断清晰的过程，这个过程存在于意识者自己的主观活动过程之中。商业世界演进的背后，是人们的主观世界的演进。人类创造性活动的真实自然过程，是一种隐秘的人类的意识活动过程。

1970年，施乐公司成立了帕罗奥图研究中心。这家位于硅谷附近的研究中心做出了很多重要发明，最著名的是施乐1981年商业化的、可以让用户在电脑屏幕上用鼠标点击操作的图形界面。图形界面是现代个人计算机的基础之一，但当年发明它的施乐公司却认为它不重要（最初具有图形界面的施乐Star计算机只卖出了25000台），就把这个技术卖给了IBM。1980年初，史蒂夫·乔布斯和比尔·盖茨都在施乐帕罗奥图研究中心看到了最初的图形界面。1983年，乔布斯的苹果正式推出了具有图形界面的、用他女儿名字命名的Lisa计算机。同一年，盖茨拿出了具有图形界面的

[①] 例如，当时汽车工业是手工作坊型的，这样组装出来的车款式型号都不同，根本无法大批量生产，就在福特头疼的时候，一位叫威廉·克莱恩的工程师带来了好消息。克莱恩是福特汽车的一名员工，一天，他去芝加哥的屠宰场参观，看到生猪被电击、放血、肢解和切片的整个流水线作业，立马有了灵感，于是就有了世界上第一条工厂的生产流水线。再如TPS之前的生产方式是生产计划部门把计划发给各个工序，由于各个工序发生故障的时间不同，导致有的工序生产的部件多，有的生产的部件少，不仅导致生产线运转不流畅，而且循环往复地造成库存。为了解决这些问题，大野耐一从美国超市的取货受到了启发——其实，大野耐一根本就没有见过美国超市，只是听说而已，但这一点儿也没有妨碍他的思考和获益。他提出了一种没有浪费的流程假设，开创了"以看板拉动"（传递需求信息及物料搬运指令）的机制。也因此，涉猎广泛的人更具创新力，他能经常性地从"别处"得到一种启发和提示——"别处"之所以具有这种功效，是因为万事万物背后的逻辑都是相同的，这个世界中充满了"相似"，我们可以从任何"别处"获得管理上的领悟。

Windows 1.0。[1] 我相信，很多人都见识过施乐的图形界面技术，却只有盖茨和乔布斯发现了它的那种价值，为什么？因为二者当时都正在寻找一种可以图示化的软件技术。

例如，1984年，张忠谋加入了一家芯片公司——通用仪器公司，他遇到一位企业家，后者创办了一家只设计芯片而不生产芯片的公司，这在当时并不常见，但张忠谋还是从中发现了一个被证明具有持久力的趋势：如今，大多数半导体公司都设计芯片并将制造外包[2]。多年的专业经历让张忠谋知道，半导体的产品设计与制造可以分开——早在20世纪70年代，他就曾在德仪的经营会议中提出，随着科技进步、电晶体逐渐缩小，只有大量制造芯片的公司才具备成本效益。在受邀到中国台湾地区发展半导体产业，并比较美国、日本和中国台湾地区的优势时，"芯片代工"的想法再次浮现在张忠谋的脑海中。

作为战略要件的洞见，是指对一个重大商业机会的发现；这种机会不是一个纯粹外在性的存在，而是一个同时经由洞见者的主观构造过的东西。对一种价值机会的发现，与发现者有关；对一个外在信息的反应，与反应者有关。事实、现象和机会就摆在那儿，有的人看到了什么，有的人却没看见——正如苹果往地上掉了数十万年，只有牛顿看见了其背后的力的作用，原因是人们的主观世界不同。洞见，本质上是洞见者主观的显现。洞见本身也是一个创新，是一个创见。战略是一个发现的过程，洞见者经由某种提示找到了一个前进的正确方向和路径，没有某种特别的经历和意识准备，就不会有对信息的那种敏感和解读方式。许多新的发现，往往并不

---

[1] 资料来源：互联网。

[2] 许多人在制定战略时总是强调信息的重要性，可是没有一种意识准备，信息再多对你也是没用的，或者说，即便许多"信息"摆在你面前，也会被忽略掉。在这个案例中，仅就信息而言，这位企业家更具信息优势，可为什么他没有发现这个趋势，而张忠谋却发现了呢？原因是二者主观上的准备不同。

是来自"看到，才想到"，而是"想到，才看到"，他人不可能替代企业（家）自己的洞见过程。

同时，一个被赋予和"植入"的战略，多半是无效的，正如别人替你规划的人生多半是无效的一样。战略指向的是一个未然而不是已然，而我们很难创造出我们自己并不甚理解和擅长的东西。与企业的精神力量和能量态不相符合的所谓的战略规划，必然落空，因为没有实现它的"土壤"。企业不能是根据外部意见进行自我构建。如果战略可以脱离自我而成立，那么任何一家企业都应该可以通过战略复制而成为第二个苹果、微软、谷歌、特斯拉、英伟达和台积电等公司。战略的供给模式是不成立的。商业历史上，也没有一家卓越企业的战略是出自他人之手的。对具体企业而言，其战略的正确性还有一个条件，那就是企业自己能够实现它。

你越确信它，付出的努力就会越多，就能取得越大的进展，这就是进展的源泉。事情成功的概率与做事的人对它将取得成功的相信度有关。卓越企业是企业家的一个信仰的结果。自己确信的东西，才会发展成为一种信仰（正如英特尔公司对摩尔定律的信仰、台积电公司对"芯片代工"模式的信仰等）。由企业（家）自己内生的洞见，显然更可能具有这个条件。不在自己擅长的领域，也难以产生那种洞见——自我的洞见亦是自我的主观能量态的结果。

例如，2013年，IBM以20亿美元的价格收购SoftLayer Technologies，正式进入公有云市场。然而，由于缺少对云计算的深刻理解，IBM对云业务的资源倾斜与投入远远不够，最终只能在云计算的边缘地带徘徊。面对在公有云领域的失败，IBM决定另辟蹊径，从混合云切入云市场。2018年10月，IBM宣布斥资334亿美元收购Linux软件制造商红帽（Red Hat），后者被并入IBM混合云部门。事实证明，红帽公司的开源平台优势对IBM发展混合云业务确有帮助，却并未改变IBM云计算业务的陨落轨迹。Synergy Research Group的数据显示，自2018年以来，IBM云业务市场份额一路下滑。2022年，IBM在全球云计算市场中的份额仅为4%，也是云计算前五名厂家中唯一下滑的一家。①

战略，具有明显的自我决定的特征——被自我决定和由自我决定。战略是自我发现、自我选择和自我定义的结果。战略的生成，无法也不能假他人之手，战略顾问作为一种职业是不成立的。

而且，战略是要用于实践的，它需要是具体的，产品上的具体或领域上的具体，太过抽象则难以进入实践模式。就像史蒂夫·乔布斯说的那样："我只是想做自己想要的和朋友想要的产品，而不能是一个过于抽象的、概念化的、逻辑推导出来的东西。"一位中国的企业家也说过："但是作为企业而言，是一定要有使命的（除了赚钱之外）——不是那种我们让世界更美好之类的，而是你要清楚地知道，你的企业要去解决什么具体问题。"洞见，当然应该是具体的，否则，怎能算得上洞见？②

---

① 资料来源：砺石商业评论公众号。

② 举个反例：索尼前总裁（1995—2005年在任）出井伸之，他的上台成为索尼发展历史上的分水岭，原因之一便是他的行动和其思维一样，过于抽象化了。出井曾经评价盛田昭夫、大贺典雄这两代索尼领导人，说他们没有抽象化能力："盛田先生关心的是索尼产品的开发或启动按钮的位置和恰当功能等诸如此类的问题……大贺先生是一位艺术家，拥有艺术家的傲慢和嫉妒……假如他被什么东西感动，他便被彻底而纯粹地感动了，因此觉得没有必要去探索其理论意义，甚至一般意义。"但在2003年4月，出井宣布季度亏损10亿美元，并因在索尼的失误而于2005年被迫卸任。井深大让索尼开发出了收音机和彩色电视，盛田昭夫推出了Walkman，岩间和夫研发了用于电视机的特丽珑技术，大贺典雄推出了索尼CD，而出井没有推出什么革命性的产品。出井给索尼留下的只有一些想法——如"再造索尼""网络革命""打造索尼梦幻世界""个人频道网络解决公司""传媒和技术企业""转型60计划"，以及一些逻辑推断，如"业务本身存在一定的逻辑性：如果我们能像银行家一样将我们的业务归结为数字，那么我们便不必整日为数字背后隐藏的心理和情绪所困扰。我们不会无视文化差异的存在，反之，我们必须找到一种不因文化差异而影响对公司控制力的机制。在一个战略性的控股公司里，你根本无需文化因素的参与"；"在网络时代，硬件将失去其一贯的价值。电视屏幕是否明亮或有美丽的分辨率，已无关紧要，重要的是内容，谁创造了它，谁控制了发行内容的网络"；"如果不发展出一个崭新的业务模式，索尼将沦为网络操作者零部件供应商。新的索尼产品就应是娱乐、电子和情感的融合"等。——资料来源于互联网。

3 战略的自我决定论

从存在形式上看，洞见，即产品、业务和企业整体定位与设计中的洞见性成分。战略性产品，既是产品，也是战略，是战略的产品形式或产品形式的战略。福特的T型车、微软的视窗系统、史蒂夫·乔布斯的iPhone、腾讯的QQ和后来的微信，都可以被认为是一种战略性产品。战略是一种价值选择——价值领域和具体的价值形式选择，并最终通过产品、业务形式体现出来。

在产品和业务层面，更加只能是当事者来做决策。没有谁能给苹果公司制定出Ipod、iPhone和App Store这样的产品战略，以及数字中枢战略；没有谁能给腾讯制定出QQ和Wechat这些个产品战略；没有谁能给黄仁勋和NVIDIA公司制定显卡和GPU战略；没有谁能替埃隆·马斯克制定出SpaceX和特斯拉公司的战略（事实上，当初许多人都不看好）；没有谁能给当年的杰夫·贝索斯做出亚马逊的战略——这些都是显而易见的。

如微信的起源也是因为他（指张小龙）想做一个沟通的工具，"我意识到这是一个机会，这个机会不是因为kik的产品本身，而是我自己当时开始用智能手机，而很多基于PC的产品或者短信都不能实现很好的沟通体验。当时想法很简单，希望给我自己或者少数人做一个沟通的工具"[①]。

如史蒂夫·乔布斯在iPhone问世的发布会上介绍的那个革命性的用户界面：为什么我们需要革命性的用户界面？这是4个智能手机，摩托罗拉Q、黑莓、Palm Treo、诺基亚E62，常见的4个案例，它们的用户界面有什么问题？问题在于下面的这40%的空间，它们都有这些小键盘，不管你喜不喜欢，它们都必须有这些塑料小键盘。而且不同的手机应用需要不同的界面，每个应用都需要专门微调的一组按键，万一你半年后突然想到一个好点子呢，你不可能再修改这些键盘了，手机都卖出去了，这些按键一旦定型就无法更改，它们不会因为新的应用和灵感出现就及时更新换代。那

---

① 资料来源：砺石商业评论公众号。

怎么解决这个问题呢？其实我们早就解决了，20年前我们在电脑上就解决了，一个大屏幕上，展现所有的应用，再加一个点击设备，也就是鼠标。怎样才能在智能手机上解决这个问题？我们要做的是去除这些键盘，只留一个巨大的屏幕。那我们如何与它交流？我们不想整天带着这个鼠标，那我们怎么办？用触控笔，我们加一个触控笔。不要，才不要，谁想要触控笔？你还要带着它，用完收起来，还有可能弄丢，好烦，没人想要触控笔，我们用世界上最好的点击工具，我们有与生俱来的点击工具，每个人都有10个，我们就用我们的手指。也正是这个革命性的界面设计，开启了移动互联网时代。

有些战略的核心就是一种技术决策。科技企业的战略，就是出自科技人员的判断。如ASML先后决定采用"浸入式"光刻技术和EUV光刻技术的决策；英伟达成立之初，它的竞争对手使用三角形作为基元，但黄仁勋和他的联合创始人决定改用四边形，这是一个错误，它差点毁了公司——在英伟达发布第一款产品后不久，微软宣布其图形软件将只支持三角形，黄仁勋决定回到传统的三角形方法。由于资金短缺，1996年，他裁掉了英伟达100多名员工中的一半，然后把公司剩余的资金押在了未经测试的微芯片生产上。

例如，1985年，在存储芯片市场已经被日本对手打败的英特尔正徘徊在"死亡之谷"。格鲁夫在他1996年出版的管理名作《只有偏执狂才能生存》（*Only the Paranoid Survive*）中回忆起当时的情景："我望着窗外远处大美洲主题公园里旋转着的摩天轮，转向摩尔问：'如果我们下台了，公司再任命一个新CEO，你觉得他会怎么办？'摩尔不假思索地回答：'他会放弃存储器业务。'我呆呆地注视着他，然后说：'那我们为什么不这么做呢？'"于是，他们果断地做出决定，英特尔进行战略转移，专攻微处理器。

用许多战略咨询公司都在用的那些战略分析的模型和方法，则马斯克造火箭和造电动汽车这事，怎么看都不应该做，可是他做了，而且成功了，非常成功。由一家外部咨询公司去给 SpaceX 和特斯拉公司做战略咨询,你不觉得是一件很可笑的事吗?毕竟埃隆·马斯克开始进入电动汽车领域时,恰好就是通用汽车刚刚退出电动汽车业务时。正如有人曾说:"如果 2002 年回答这个问题,未来 5 年电动汽车是不是好的方向,一点都不好;但是从现在我们倒回来看,会说这个还是挺不错的,很大的市场。"战略的正确性,是指相对于自我而言的正确性,不是指一般的正确性,也不存在一般的正确性。

战略性机会越来越趋于是被创造出来的,外部主体怎么可能提供这样的战略?战略来自发现,自我的发现;战略来自创造,自我的创造。如山姆·阿尔特曼曾说:"我还特别关注新事物,特别是今年哪些领域集中出现了新技术——前几年还不行的,但是现在有突破的;我们最开始创建 OpenAI 的时候,正好赶上技术领域的一个重大突破——深度学习开始兴起,而且还有很多小的技术创新同时涌现,这一切为 OpenAI 的发展奠定了坚实的基础;另一家我工作过的公司——Helion 也是,它主要做核聚变,当时行业内同时出现了 8 项重要的创新,彻底改变了核聚变的方式。"

许多新价值空间来自一个个可能看似微不足道的点的突破,如集成电路和光刻技术。商业是科技发展的延伸,是一个企业参与其中并共同创造的过程。杰夫·贝索斯要是早出生 100 年,无论如何也不会想到在互联网上开书店;史蒂夫·乔布斯要是早出生 100 年,无论如何也不会想到把手机变成每个人的移动互联网终端。如果没有 IT 技术和互联网的发明,就不会有微软、英特尔、苹果、Facebook、Google、Airbnb、阿里巴巴、腾讯等这些公司的出现。所有的战略性价值空间都是开拓出来的,没有工业革命、电气革命、信息技术革命等,哪有那么多卓越的企业,哪有那些所谓的洞见和战略?

微软公司 CEO 萨提亚·纳德拉说:"这个行业是不尊重传统的,只尊重创新。"其实,所有行业都是不尊重传统而只尊重创新的,只是这一点是逐渐凸显的。未来企业的战略,都将是因创造而生出的战略,都将是创造者发现和定义的战略（我称之为"X型战略"）。诺贝尔物理学奖获得者丁肇中先生在一次在面对青年提问"有可能在哪些领域产生新的重大发现"时回答："我不知道。推测将来是很困难的。"

  人类将在哪一个点上取得突破，以及取得怎样的突破是不确定的、完全无法预知的。有时候，只有那些创造者本人知道发生了什么，以及那将意味着什么。如黄仁勋谈道："未来的主流计算形式将是检索加生成，这意味着计算形式将发生根本性的变化；英伟达15年前就预见到了这一点，很多人说只有我们一家公司做这个，那是因为，我们是唯一一个意识到这个机会的，而其他人还在摸索。但这种新的计算方式，不仅是芯片设计，而是计算机的每个层面都将被改写——从网络连接到交换方式，再到计算机的设计、芯片本身所运行的软件，以及将一切连接在一起的方法论，这是一个庞大的工程，关系到整个计算机行业的根本性变革。全球价值1万亿美元的数据中心，都将被重置，这才是激动人心的地方，我们正处在全新一代计算机的开端，这个行业已经60年没有大的变化了，芯片是其中的一部分，但也只是一部分。"

  不论上述黄仁勋谈的会不会变成现实，但有一点不容置疑，那就是，未来是由"黄仁勋们"，以及企业家们[①]的创造本身决定的。许多被颠覆都是在我们不知情的情况下发生的，因为我们并不知道在别人那里发生了什么。人类已经创造出了很多的产品，未来还会创造出更多的产品——我们想象得到的和想象不到的产品。对于创造性活动而言，是创造者决定它的发生、走向和结果。假想一下，如果你有足够的创新力，能解决当下及未来的一些重大问题，如癌症、新能源等，你就不会没有战略方向。战略方向是指战略性价值方向，创造出自己独特的价值自然就有方向了，否则，很难有方向；仅靠规划是规划不出方向的。战略性经营，即创造出战略性

[①] 每一个创造了企业的人和参与创造了企业的人，都可以被认为是"企业家"。

3 战略的自我决定论

机会并将这类机会充分变现。

根据专家对行业发展趋势的预测制定战略，往往是不成功的。正确预测本身就已经很难了。如山姆·阿尔特曼所说："说到专家对行业发展趋势的预测，有一点需要注意，回望五年前，几乎所有专家一致认为，AI 行业的变革将首先出现在机器人领域，例如执行一些现实环境中的任务，那时卡车司机的工作将受到威胁，工厂司机的工作将被取代，之后或许再过很多年，AI 将开始介入一些最基本的有意识性的工作，然后再过很多很多年，AI 才会做一些难度较高的，比如计算机编程这样的工作，或许还能解决一些数学问题，但会比较困难，最终如果发生奇迹的话，AI 也许能做一些创造性的工作，比如生成图片或艺术作品，但事实是一切的发展顺序刚好相反。我们其实可以从中总结出几条经验，其中很重要的一条是，不管谁对 AI 的未来发展做出预测，包括我自己在内，你都应该打个大的折扣，因为这个行业的未来走向是很难预测的。"[1]

未来，战略的自我决定的特征将更加明显。有效的战略制定者，是有商业头脑的工程师们[2]。就像黄仁勋的英伟达那样，"事实上，英伟达的员工都知道，我有个词叫'零亿美元市场'（还没有形成的足够大的市场）；除非是'零亿美元市场'，否则我没兴趣，如果市场已经存在，我们还去做什么呢？如果人家已经做得很好了，就离远一点，买买他们的股票。我们要进入的一定是'零亿美元市场'，并且能够做出独一无二贡献的，一个能变成足够大的、让所有人都受益的市场。"

当然，并非所有的企业都有战略发展能力。没有（科技）创新力的企

---

[1] 在管理咨询行业，如麦肯锡等经常会以访谈和问卷调查的方法炮制一些行业或技术发展趋势报告，并以此向客户提供战略与策略咨询意见，造成了很多误导。我认为这类行为，要么是因为无知，要么是在利用客户对未来不确定的焦虑感给自己制造业务机会。

[2] 企业家（抽象意义上的）是一种商人与工程师的合体。没有工程师品质的企业家，准确地说，只是商人。

业，也很难有什么像样的战略。超出和不同于一般人的洞察只属于特定的人，而不是一般人。对于缺失战略发展能力的企业来说，正确的解决方案是换人，更换企业领导层的核心。对企业而言，不是由高层制定战略，而是由有战略制定能力的人担任领导。换人并不一定能解决这类问题，但这是唯一的可能解决问题的方式。

洞见是来自个人的、偶得的。没有专门找人负责战略制定这一说，企业也不应该有诸如"战略管理部"这样的机构[①]。企业尤其要小心那些热衷于为企业指明战略方向的外部"专家"。洞见力离不开对事物的那种敏感。敏感，是某种外在与人的意识中的东西相遇时而产生的触动性。敏感以一种主观上的准备为前提。这种主观上的准备，来自天赋和后天的精神世界的活动。不同的人有不同的敏感的东西，不同的人有感觉的东西是不一样的。感知力也是我们具有某方面的能力的一个外显，我们只会对我们有天赋和在意识上努力追寻的东西敏感。洞见也反映出洞见者的天赋和长项所在。没有感觉的事情终究是做不好的，更谈不上做到卓越。不存在大众性的战略机会，那不合逻辑。作为企业（家），也应意识到需要发展自己的洞见，而不是想着让别人指路。

3.3　要有战略运营管理意识

战略性机会的发现和战略性机会的变现共同构成战略发展。企业应以运营的方式推进战略实现，并追求整个过程的有效性和效率。战略运营，即把战略设想变成现实的一系列活动和努力，它们需要成为一个有效的体系。有企业层面的战略运营，也有项目层面的战略运营——如3M公司的

---

① 许多企业中的"战略管理部"至少应改为"战略支援部"，即定位为为企业的战略发展提供支持和辅助。

"创新产品小组"的运作模式。战略运营与业务运营有很大的不同[①]。

其一，战略运营管理的内容更为庞杂，可能包括：人才、关键机制、组织与领导力；技术、产品与业务设计；策略与模式；产业链与生态；价值管理与平台建设；并购与重组；管理变革；财务与资金解决方案；战略沟通与不确定性管理等，如图3-2所示。

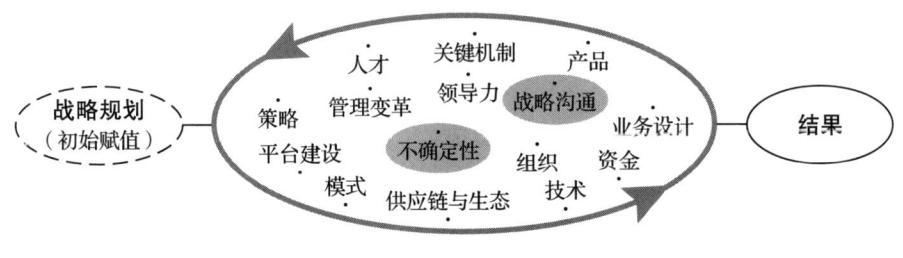

图3-2 战略运营管理

运营管理的框架来自对战略的解构，不同企业解构的维度和结果会有不同。其中，一件事情是否属于战略运营管理的内容，不是根据事情的"大小"来确定的，而是根据事情的战略意义来确定的。例如2000年的时候，乔布斯有一个很大的远见：个人电脑会变成"电子中心"，用户所有的音乐、视频、照片和内容都在此管理，因此苹果进入了iPod和iPad的个人设备领域；2010年，他提出了后续战略——这个中心应该转移到云端上，然后苹果开始建造一个庞大的服务器农场来上传用户的内容，再无缝同步到该用户的其他个人设备上；当乔布斯在构想这些宏大远见时，他同时在关注iMac里面一个螺丝的形状和颜色。我对此的解读是：因为乔布斯要打造"完美"的产品，所以，产品的每一个细节都具有战略意义。

最开始的战略规划，可以被理解为一个关于战略的初始赋值，它的主要功能是建立起一个起点。远处，我们虽然看得见，但并不清晰，也不完

[①] 我称"战略运营"为"大运营"，而将人们所熟知的业务运营（从订单到交付的过程，抑或从生产到销售的过程）称为"小运营"。

全。就像马克·扎克伯格所说："没有人从一开始就知道如何做，想法并不会在最初就完全成型，只有当你处理时才变得逐渐清晰。"因此，作为初始赋值的战略规划不可能，也没有必要那么详细和具体。

其二，要有战略沟通。战略制定和确定本身也是在向企业植入一种意识和发展取向，所以需要有战略沟通。例如杰夫·贝索斯每年一次的"致股东信"，也可以理解为与投资人、市场，甚至企业内部进行战略沟通的一种方式，具有战略沟通的功能。需要特别说明的是，战略沟通的目的并不一定是让所有人达成共识。很多企业把建立整个公司的战略共识作为一个必需的环节，这一点未必正确。洞见是极个别人的洞见，能在小范围内达成共识就已经很难得了，怎么可能让所有人达成共识。史蒂夫·乔布斯在重回苹果公司后大幅消减生产线，提出 iPod 和 iPhone 这些产品概念，埃隆·马斯克提出要造火箭和电动汽车，有多少人是真的认同的？

其三，不确定性管理是战略运营管理的一项重要内容。战略是面向未然的，不确定、不完整、不具体是一个初始战略的基本属性，战略实现包括对战略本身的验证、调整、定型与完善。再确信的判断，也需要验证。经常出现的情形是，最后的样子和我们最初的设想差异很大。将战略作为一个刚性的任务去组织实施（或者说执行），多半是错误的。正如黄仁勋所说："你的决心一定要够坚定，同时又不能太固执，要保持一定的灵活性，这样才能不断去学习；有时候一边坚信自己在做的，一边又怀疑自己可能错，这是很奇怪的；信念感和灵活性要放在同等重要的地位；我见过不少 CEO 都非常有才华，差一点就成功了，但就是因为太相信自己绝对正确，忘记了要保持足够的灵活性，去吸收新知识，去迭代和调整，这是一个教训。"

其四，战略运营管理，更适用领导力的方式。战略运营的领导者，当然是那个最具洞见力的人，如回归苹果公司的乔布斯、亚马逊（云计算业务）的安迪·贾西等。

创新场论[①] 4

4.1 创新是一种"场"的产出

创新性是企业性的构成。对未然的开拓，是人类的前途。创新是一种"场"的产出，一种由主观能量态和情境构成的"场"，见图4-1。一个企业的创新的潜能（或者说"内能"）与其创新体系的规模、系统热度[②]和场态有关。个人是创新能量场的基本单元，团队是一种组合的能量场。方法本身并不能造就一个系统中根本就没有的东西，人是一切新事物的来源；新事物产生于主观与对象相互作用的量子力学过程，创新的前提是存在这样一个量子场。一家企业的创新力的大小取决于它的这种"场"的规模大小[③]和强弱，包括与用户和合作伙伴之间的"场"，以及与社会创新主体之间的"场"等——越来越多的企业都在走向内外"场"联动的创新和知识创造模式。

[①] 关于创新管理和组织，我之前的著作中已有较充分的论述，本书的第4章《创新场论》和第5章《最重要的还不是组织方法的问题》，只是关于这两个议题的一些补充性内容，更多的讨论请参阅我在2021年出版的《管理即企业设计》一书。

[②] 表现为企业的活跃度、活力等。

[③] 一定的规模是必需的，除了要满足实际需要之外，还有如山姆·阿尔特曼所说的：规模往往具有令人惊讶的新兴属性。

87

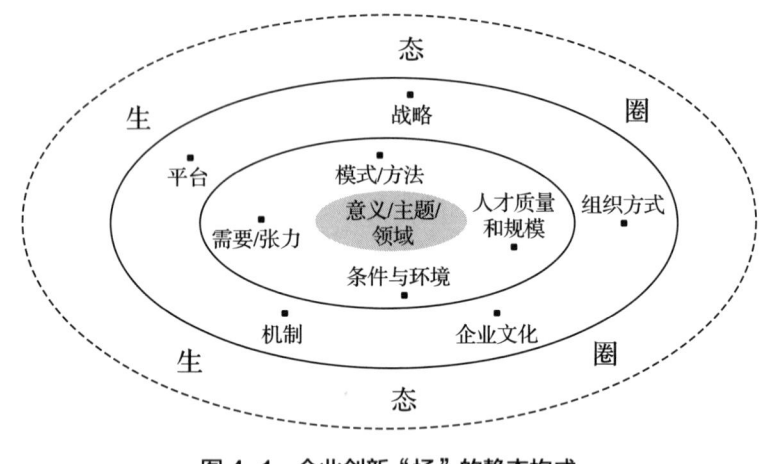

图 4-1 企业创新"场"的静态构成

对创新的需求是创新场的一项重要构成。有些创新需求来自如竞争和经营困境等引发的一种张力（我称之为"被动的创新需求"）。例如万豪的第一家酒店（双桥酒店）刚开业的时候，因为拥有机场和五角大楼两个方向的客源，生意一直非常红火。但进入冬季后，客流急剧下降，使得酒店入不敷出，不得不关停多数电梯节省电费。年轻的比尔做出了创新，为了进一步吸引客源，他在酒店增加了特色餐厅、增加了会议室，在屋顶开酒廊，甚至在冬天将双桥酒店露天游泳池改造成溜冰场。这些被全世界酒店效仿至今的点子，让那时的万豪大获成功。进入 20 世纪 90 年代，经济形势开始急转直下，1991 年波斯湾战争的爆发成为压垮美国经济的最后一根稻草，美国地产全面崩盘。在相当长的一段时间里，万豪都徘徊在破产边缘。在研究了万豪困境的几个月之后，当时的万豪 CFO Steve Bollenbach 提出了一个激进的想法：把万豪一分为二，一家持有酒店的房产和重资产，作为一家地产 + 业主公司，承担公司大部分债务；另一家持有轻资产的酒店品牌和管理公司，不受债务拖累，轻装上阵。最终公司于 1993 年拆分完成。这次拆分重组对于酒店行业具有革命性的意义，它改变了全球酒店行业的格局，很多酒店巨头在后来以同样的方式进行公司重组和战略规划[①]。困境和竞争的加剧会带来企业创新的内在需求增加[②]。正如那位著名的英国首相丘吉尔所说：永远不要浪费一次危机[③]。

所有的技术产业，本质上都是科学发展在产业上的延伸；人类的创新链是一个从科学到解决现实需求问题的长长的链条。但企业主体的创新，还是更靠近需求端一些，要解决的主要问题是技术与需求的结合。企业创新的一个必不可少的职能是找到一种自我价值与需求的有效结合方式。正如微软董事长兼CEO萨提亚·纳德拉在Freakonomics的采访中所说："模型并不是产品，模型可以成为产品的一部分；用户和消费者不会直接用技术，他们也不会在乎你有什么技术，用户需要的是满足需求和解决问题；既需要有科学研究机构去探索各种未知的可能，也需要有企业去实现新可能下的技术创新，还需要有大量的企业利用这些技术能力去优化我们的世界，为人类创造现实的福祉。"

史蒂夫·乔布斯也曾说过：最难的点在于，技术如何去适应一个整体的、更大的构想，而这个构想会让你每年把一个产品卖80亿或100亿；我总会发现这样一件事，你必须从用户体验入手，然后再回去开发技术；你不能从技术入手，然后再试着搞清楚你会把东西卖到哪里。

完全自由的科学探索，不适合企业——太缺乏确定性和效率，那是整个社会的职能（在西方国家，主要由一些由国家和社会资助的大学与科研机构承担）。在整个知识创造链条中，企业显然处在偏后端的位置。就连1925年美国AT&T公司成立的被称为"诺奖摇篮"的贝尔实验室，其R&D

[①] 资料来源：互联网。
[②] 但在取得成功后，人们往往又会出现一种"潜意识性的怠惰"——兴衰可能互为逻辑起点。
[③] 危机还有一个作用，就是可以消除变革的阻力。

的比例也仅为1∶10[①]。

企业所从事的是基于企业目的的创新。产品、业务都是知识的载体，站在商业企业的角度看，也是知识创造的目的。企业的知识性活动与纯粹的知识性活动的区别也在于此——纯粹的知识性活动中知识即目的。这也注定企业的创新是一类较为复杂的创新，与科研机构等的单要素创新活动不同。向创新型企业转型，不是只激励一下研究部门就行了，而是要改变整个企业，包括从上到下改变企业的发展思路、商业模式和组织模式。

作为创新场和作为生产厂，适用的管理是不同的。尤其是中国企业，在创新管理上，或者说在向创新发展模式转型升级上，需要摆脱20世纪90年代以来引入并大行其道的分析式思维和管理模式。创新不是一个经典物理学过程，而是一个量子力学过程，基于那种传统的科学分析的管理方法是不适用的。

企业的创新管理，包括把企业作为一个创新场的管理，把项目作为一

[①] 贝尔实验室是晶体管、激光器、太阳能电池、发光二极管、数字交换机、通信卫星、电子数字计算机、C语言、UNIX操作系统、蜂窝移动通信设备、长途电视传送、仿真语言、有声电影、立体声录音，以及通信网等许多重大发明的诞生地。贝尔实验室的工作可以大致分为三大类：基础研究、系统工程和应用开发。在基础研究方面，其主要从事电信技术的基础理论研究，包括数学、物理学、材料科学、行为科学和计算机编程理论。在系统工程方面，其主要研究构成电信网络的高度复杂系统。开发部门是贝尔实验室最大的部门，负责设计构成贝尔系统电信网络的设备和软件。贝尔实验室R&D的比例是1∶10。自1925年以来，贝尔实验室共获得25000多项专利，一共获得8项（13人）诺贝尔奖（其中7项物理学奖，1项化学奖）。在过去的一个世纪中，贝尔实验室为全世界带来的创新技术与产品包括：第一台传真机、按键电话、数字调制解调器、蜂窝电话、通信卫星、高速无线数据系统、太阳能电池、电荷耦合器件、数字信号处理器、单芯片、激光器和光纤、光放大器、密集波分复用系统、首次长途电视传输、高清晰度电视；从1939年展示的Ovodero电子语音合成装置到现在最先进的语音合成及识别等。它的存储程序控制和电子交换、数据库及分组技术为智能网的应用铺平了道路；它开发的UNIX操作系统使各类计算机得以大规模联网，从而成就了今天实用的Internet。C语言和C++语言是使用最为广泛的编程语言之一；而由贝尔实验室推出的网络管理与操作系统每天支持着世界范围内数十亿的电话呼叫与数据连接。可以说，人类迈向文明的每一步都与贝尔实验室息息相关。

个创新场的管理，把个人作为一个创新场的管理，以及把生态作为一个创新场的管理。最具创造力的是创造事物的功能与方式，提升企业的创新力最需要做的是构建创新场和增强这种场力。

4.2 工程师主导

全球商业认知视频号曾发布过一个视频，内容是：当今，全球最成功的企业家们，有一个共同点，都是工程师出身。过去，有志成为 CEO 的人，都会选择去攻读 MBA 学位而获得机会，但现在情况不同了。《哈佛商业评论》每年都会评选全球最佳的 100 名 CEO，2018 年，他们连续第二年发现，拥有工程学位的 CEO 已经超过了拥有 MBA 学位的——34∶32，有些人同时拥有两个学位。马斯克在接受媒体采访的时候曾说，公司里 MBA 背景的高管太多了，他认为这些人把太多时间花在各种会议上，讨论 PPT 和财务问题，但重点应该是产品。他的思路是，产品搞好了，其他自然就好了。所以工程师们要做的就是，特斯拉造出好的电动车，SpaceX 造出可回收的火箭，这些是工程师大有可为的地方。工程师可以设计、建造、发明和改进产品，凭借数学、科学和技术背景，他们还能解决具有挑战性的技术问题，为梦想的实现扫清障碍……工程顾问 Sandy Munro 采访过马斯克，他的评价是，马斯克学识出众，他说："我很佩服他，我见过不少CEO，但没有一个比他更了解自己的产品。"工程背景带来的技术知识，对打造更好的产品有极大助力。微软的萨提亚·纳德拉就是工程师变 CEO 的另一个例证——纳德拉在 2014 年接棒 CEO，面对苹果的步步紧逼，他必须找到有效的应对策略。当时的微软，在前任 CEO 鲍尔默的领导下，已经疲态尽显，产品毫无创新可言——鲍尔默毕业于哈佛大学数学与经济系，他能做到收支平衡，但无力创新。纳德拉接手后，他首先将微软的软件全部开放给所有非 Windows 设备，比如 Word 也可以在 iPad 和 iPhone 使用，他还扩大了云业务 Azure，使其成为亚马逊 AWS 最大的竞争对手。纳德拉在履新后给全体员工的第一封邮件中写道：我们的行业不尊重传统，只尊重创新。这种不断创新的工程师精神拯救了微软，这并不容易，需要冒险，不能认输，正如美国发明家爱迪生说的："我没有失败过，我只是找到了一万种行不通的方法。"英国工程师詹姆斯·戴森也深知永不放弃的意义，当他发现家里的吸尘器吸力不断减弱时非常恼火，于是决定自己做一个更好的吸尘器，他花了 15 年时间，研究了 5000 多种不同的原型机，最终设计出完美的无袋吸尘器，他的坚持不懈得到了回报——以他本人名字命名的市值数十亿美元的公司。与此同时，工程师也不怕参与各项日常事务，尤其是在招聘方面，亚马逊的面试苛刻是出了名的，拥有电子工程学和计算机科学学位的贝索斯，在亚马逊早期，会亲自面试每一位应聘者，他会问一些古怪的问题，包括美国有多少加油站。他并不要正确答案，而是想看看应聘者是否有分析方法可以给出合理的答案。工程师在非技术领域同样表现优异，比如纽约证券交易所控股公司 CEO Jeffrey Sprecher，他是学化学工程的，他说："我从未从事过化学相关的工作，但我接受的教育教会了我如何解决问题，而商业就是如此。"工程师非常善于解决问题，而这正是做任何事情的关键，无论是建造跨河大桥，还是设计飞往火星的火箭。

　　人是一直在起作用的因素，所以，事情由谁主导特别重要。创新，就是从无序中生出一种新的秩序，从混沌中产出一个清晰的结果，这个过程完全要靠人去把握——由谁主导的问题更为重要。创新，自然应该由创新者主导。创新管理和创新型企业的管理，是专属于工程师的管理[1]。在 1984 年的一次采访中，史蒂夫·乔布斯说："伟大的个人贡献者，从来都不想成为一名管

---

[1] 我尤其不看好由财务官出身的人担任公司最高领导的公司——除了多半不具有那种工程师的品质外，他们可能会在意识上颠倒成因与作为一种结果的财务之间的主次关系。

理者，但必须成为，因为，没有其他人能够出色地完成工作。"[1] 马斯克同样非常偏好工程师，几乎所有管理职位都由工程师担任，包括 HR 和财务部门。

不过，我在这里所说的"工程师"，是指具有科学地思考问题和技术地解决问题的品质的一类人，与人们观念中的那个"工程师"的概念略有不同，任何一个领域都有它的"工程师"一类的人——我这里所说的"工程师"的所指比人们观念中的那个更大一些，差不多等同于乔布斯所说的"伟大的个人贡献者"。

唯有金字塔结构是成立的，因为其他结构会发生倾覆和倒塌。没有"不能者"领导"能者"的道理，也很难建立起这样的现实[2]。你有多大的能量，才能汇聚和驱动多大的能量体系。乔布斯、马斯克、扎克伯格、贝索斯、比尔·盖茨等，都是在创新上能量级超群的人。黄仁勋就称他只有一个超能力 —— 做作业。英伟达软件主管 Dwight Diercks 称黄可以在一个周末掌握任何课题。

工程师主导对应着工程师主权和工程师文化。相反，那些由非工程师主导的优秀的创新型企业都在开始出现衰败。举两个当下的例子：一个是索尼，另一个是波音。

在索尼，大贺典雄挑了对技术毫无兴趣的出井伸之[3]作为继任者。在大

---

[1] 这也是企业在用人上的一个原则：选最能胜任的人主导，而不是寄希望于把不能胜任的人培养成能胜任的人——企业不是教育机构，而且这种培养多半不会成功。那些表面的知识和技能可以培训，但那些深层次的东西和那种主观能量态只能靠天赋和养成——正如一位政治领导人说的：做总统是不能被教的。

[2] 经常听一些企业主抱怨说招不到人才或人才难管，可我想反问一句：人才为什么要为你工作？

[3] 1960 年，23 岁的出井伸之拿到政治学和经济学本科学位，加入了当时还是个小公司的索尼株式会社国际部。两年后，被公司外派去瑞士日内瓦留学。出井伸之留在欧洲工作多年，能说一口流利的英语和法语，并主导建立了索尼法国公司。1973 年，出井伸之被调回东京总部。出井伸之没有任何技术方面的基础，其早期职业生涯主要与海外销售有关。1990 年，出井伸之开始主管公司的全球广告宣传和营销业务，直到 1994 年，57 岁的出井伸之才成为索尼公司常务董事。一年后，他的前任大贺典雄意外地选择他作为自己的接班人，1995 年 4 月出井伸之担任了总裁。

贺典雄掌权期间，许多对其地位有威胁的职员均相继被其清除，所幸的是，索尼当时还留有许多由井深大以及盛田昭夫筛选出来的技术骨干精英，因此索尼并未出现衰败。真正进入衰退期是从1996年其实权掌控者变更为出井伸之及霍华德·斯金格开始。面对索尼当时高筑的债台，出井伸之实行严格的绩效考核以削减成本，将投入成本过高的电池技术和机器人业务放到边缘位置。以往在索尼地位颇高的工程师的话语权也在慢慢丧失，试错成本变得高昂。索尼"随身听之父"大曾根幸三对此表示：在绩效主义的压迫下，索尼的人都"弯着腰工作"，创新的氛围逐渐淡化。而2005年霍华德·斯金格出任CEO以后，更是进行了大规模的技术人员裁减。出井伸之的上台遂成为索尼由盛转衰的分水岭。

而波音公司的一个转折点被认为是1997年波音公司收购了麦克唐纳-道格拉斯公司（以下简称麦道公司）。并购后，来自麦道的哈里·斯通塞福担任总裁和COO，负责日常经营，波音当时有个18人组成的高管团队，其中7人来自麦道，1个人来自波音，其余是从外部请来的职业经理人。麦道公司"资本导向"的由金融玩家主导的企业文化挤走了波音公司"创新与质量导向"的工程师主导的企业文化。在并购麦道之前，波音的员工将公司视作一个由工程师群体组成的"大家庭"，互相之间可以平等对话，但麦道公司来的总裁哈里和其他麦道高管的强势入主，改变了这一切，他们认为工程师"傲慢自负"。哈里对员工说："不要再和以前一样像个家庭，而是要像个团队。如果有人在团队里表现不佳，就不配留下来。"哈里2004年在接受《芝加哥论坛报》采访时表示："有人说我改变了波音的文化，这正是我的目的。这样一来波音才能像公司一样运作，而不只是一家优秀的工程公司，因为股东投资公司就是为了赚钱。"[1]

现实世界中，那种MBA（Master of Business Administration，MBA）式

---

[1] 资料来源：互联网。

的人物和管理思维掌权与占据主导位置[1]，正在摧毁越来越多的优秀的创新型企业，索尼、惠普和波音等公司都是这种东西的受害者。

　　工程师也是有科学思维和技术性解决问题的偏好的一类人。对工程师们而言，创新和技术性解决问题，是在内部动机驱使下的一种行为。在内部动机（Intrinsic Motivation）和外部动机（Extrinsic Motivation）的驱使下行事[2]，或者说，内驱地行事和被动地行事，对自我的能量调动程度是不一样

---

[1] 1997年后的波音公司就是这样：同杰克·韦尔奇一样，菲力普·康迪特也是工程师出身，但是他原本只有硕士学位，所以在波音公司做到中级经理之后，又到麻省理工学院去读了一个MBA学位。其后他在工程、营销两方面都吃得开，建立了极为完整的企业资历，步步爬升，1992年接任总经理兼董事，1996年升任总裁，1997年出任董事长。这时他已经在波音玩商学院那一套有5年了，但是手下的4万名工程师们仍然不合作，老是把"安全第一"挂在嘴上，抵制他要削减成本、赶工出货的努力。他深感大企业的封闭性文化积重难返，决定要大破大立，只能引入外援，于是主导了与麦道公司合并一案。名义上是波音并购麦道，实际上所有的重要主管，除了康迪特本人之外，都来自后者，连商标也换成麦道的。麦道的文化，就是营销至上；波音人说"安全第一"，麦道人的口头禅却是"对支付能力富有激情"（A passion for affordability）。麦道的原总裁哈里·斯通塞弗（Harry Stonecipher）接任波音的总经理，全力帮助菲力普·康迪特扭转波音的企业文化。但是只要波音的总部仍然设在西雅图，担心安全性的工程人员总是有办法把问题向上反映到决策阶层，那么主管既然无法在事后否认知情，为了避免法律责任，自然就没有利润最大化的自由。于是经过4年的讨论，康迪特和斯通塞弗在2001年下定决心，把企业总部搬到芝加哥。如此一来，工程团队和企业管理阶层之间有了实实在在1500英里的鸿沟，有关制造飞机的实际议题，终于可以被局限在西雅图，不再对企业决策造成困扰。斯通塞弗任命的新机型总监，不再是工程师出身，而是清一色的MBA。虽然斯通塞弗在2005年辞职，但是继任的吉姆·麦克纳尼（James McNerney）来自GE，正是杰克·韦尔奇当年的得意副手之一，自然萧规曹随，继续弱化工程部门的话语权。麦克纳尼在2015年退休，由丹尼斯·米伦伯格（Dennis Muilenburg）接任。丹尼斯·米伦伯格虽然有工程背景，却是因为全心全意支持康迪特改革而被特别选拔出来的年轻管理人才，所以也继续依赖新来的MBA和麦道主管来管理老波音人。——资料来源于互联网。

[2] 一般而言，企业家也是在内部动机（或内驱力）的作用下工作，而员工多半是在外部动机（或外驱力，如薪水、奖惩）的作用下工作，所以，企业变革的一个方向是把员工也变成"企业家"。正像萨提亚·纳德拉所说："只有员工将公司视为实现个人目标的平台，他们才会拥有强大的行动力，从而积极主动地去工作。"

的。作为兴趣所能调动的能量可能是作为任务所能调动的十倍、百倍，而且兴趣产生的驱动力是持续的。在理论上可能的前提下，一个任务能否被完成，主要不是由任务本身的难度决定的，而是由任务与人的内部动机的一致性决定的。工程师主导带来的是，由兴趣和需求组织整个创新过程——这种过程是最高效的。

《埃隆·马斯克传》一书的作者沃尔特·艾萨克森说："乔布斯这个人很有趣，他主要关注精美的设计和产品的概念化，所以，我们花了很长时间在苹果总部大楼 Jony Ive 漂亮的工作室里。乔布斯会整个下午一个小时一个小时地来回踱步，观察欧洲充电器的插头这样的小东西，看它到底和美国的插头有什么不同，比如弧度曲线之类的。而马斯克则更关心设计的执行，如何通过制造和装备线把图纸变成现实，他大概 80% 的心血都用于设计生产机器的机器，包括猛禽发动机、电池、特斯拉车型等，因此，我和他基本是待在装备线上。"

工程师主导创新性活动的另一个好处是风险更小。判断，始终是创新性活动中的一个因素。而工程师们的判断性决策往往是风险最小的，因为有隐性知识和专业上的感觉与直觉帮助他们去把握和做出判断；如果是由旁人来做决策，就几乎相当于是在赌了，或者有很大的赌的成分——如果说创新是一种试错，则由创新者本人进行的试错，试错成本是最小的。同时，正如有人所说：在一个功能性的组织中，个人和团队的声誉是下注的控制机制——考虑到声誉，工程师们一般不会胡乱决策，他们会做出最负责任的决策。还有就是，认知能力具有通用性，工程师们的认知性能力和认知性心智模式，可以使他们很轻易地变身为最优秀的管理者，或者说，他们本来就是最具管理者素质的管理者。回顾历史，可以看到那些卓越企业大多是由工程师们打造的；放眼未来，可以肯定，我们将走向商业世界的更显著的"工程师时代"。

4.3　走出体制

　　创新产生于人的意识活动过程，以光刻技术的产生为例：杰伊·拉斯罗普（Jay Lathrop）是美国陆军钻石军械引信实验室的一名工程师，他的任务是设计一种新的近距离引信，放在直径只有几英寸的迫击炮弹内。他的引信所需的部件之一是一个晶体管，但炮弹太小，现有的晶体管很难装进去。有一天，他在用显微镜观察晶体管时突发奇想：既然显微镜的原本功能是把东西放大，如果把显微镜倒过来，那么某个很大的东西，肯定就会被缩小。他又想到，摄影器材公司柯达发明了一种制造胶卷的材料，叫感光树脂，遇到光之后，树脂就会因发生化学反应而变硬，容易去除。那么，如果用一束光穿过显微镜头上覆盖的电路图，再打到覆盖着感光树脂的半导体材料表面，然后把这块半导体放到特殊的化学液体中洗一洗，那么半导体表面被光照射过的感光树脂就会变硬脱落，下面的部分就被腐蚀，于是电路图就这样被精确地"刻"在了半导体表面，这个天才的想法被称为光刻。[1]

　　而且，人在"我自体"（完全的自我意识与能量的合体）的状态下达到自我意识能量的上限[2]。创新本身没有方法，只有心法，激起那种意识活动

---

　　[1] 后来的"浸入式"光刻技术的产生，也是这样一个过程——最初采用的"干式"（以空气为介质）微影技术在镜头、光源等一直在改进的情况下沿用到20世纪90年代，然后遇到瓶颈：始终无法将光刻光源的193nm波长缩短到157nm。当时，为缩短光波长度，大量科学家和几乎整个半导体业界都被卷进来，砸进数以十亿计的美金，以及大量人力，提出了多种方案。但这些方案要么需要增大投资成本，要么太过超前，以当时的技术难以实现（比如极紫外EUV）。当大家排队往157nm的"墙"上撞时，时任台积电研发副总经理林本坚来了个脑筋急转弯：既然157nm难以突破，为什么不退回到技术成熟的193nm，把透镜和硅片之间的介质从空气换成水，由于水的折射率大约为1.4，那么波长可缩短为193/1.4=132nm，大大超过攻而不克的157nm。——资料来源于互联网。

　　[2] 所以，真正具有创造力，或对世界有洞察力的人，大多是那些主观意识极强的人。

很重要——如果非要说有对创新进行管理的方法，这就是方法。创新，适用于对人们的意识能量的调动和潜力的挖掘模式，而不是指挥和命令的模式。与指挥和命令对应的是"无脑化"和"失智"；人们听命令运行，按职责完成既定任务；依照惯性工作，以及用流于事物表现的伪思考代替对事物的真实思考等。体制化会造成人的创新的可能的下降。权力带来对他人主观的消灭和意识能量的钳制。每个人都是一个维度，权力消灭了多维的力量，而多维度发展是事物发展的一种空间和方向。个体对抗体制是很难的，即便能与之对抗，也会造成一些激情和能量的损耗。同时，长期来看，体制还具有对人的驯化功能，甚至会造成人们的"我自体"的完全丧失。

体制化的组织模式是不利于创新的，尤其不利于天才创新。人类文明的最高成就源于其创造者和雕琢者；企业中最大的浪费是失去了一个独立的大脑。约翰·穆勒说："既云天才，顾名思义，定然会比一般人更具个性，唯其如此，也比一般人更没能力适应社会既定的有限模式而不受到禁锢的伤害。"[1] 体制是一种有限模式。

创新产生于人的意识活动，还包括人们的意识活动的互动——许多突破性的东西，都是在"闲聊"的过程中产生的。如史蒂夫·乔布斯说：在我们的网络时代有一种诱惑是认为点子可以通过电子邮件和iChat来获得，这很傻；创造力来自自发的会议和随机的讨论。

可以理解为，创新是一种意识过程的产物。这种意识过程，包括个人式的意识过程和关系式的意识过程。意识能量的互动能激发新意识的产生，而那种互动在一个自由交往的环境中更有可能产生。也就是说，群体中存在许多潜在的关系式的创新意识能量场，可以通过创造更多的可以产生有效互动的"场"（不仅仅是场所），增加出新的概率。如英伟达公司，在位于圣克拉拉（Santa Clara）的总部中心有两座巨大的建筑，每栋大楼的顶层

---

[1] 约翰·穆勒. 论自由[M]. 孟凡礼, 译. 上海：上海三联书店出版社, 2019.

都有一个酒吧，公司鼓励员工把办公室当作灵活的空间，在这里用餐、编码和社交。

而体制化，毫无疑问会阻碍人们的交往和意识的互动。体制化的一个构成是结构化、条条框框与利益分割。科层制组织就是一种体制。以科层制组织为例，既有横向的区隔（部门化、岗位化[①]），也有纵向的区隔（组织层次），还有利益的结块。组织的这种条块分割和网格化大大消减了关系式创新能量场的能量。同时，创新（者）对企业资源的使用，适用一种调动模式，而在一种壁垒高墙的组织方式下，这种调动是很困难的，甚至根本就不会发生——人们往往会放弃这种努力，即在一个网格化的系统中，每个主体都显得有点无能为力，只能是各自按部就班[②]。部门化、岗位化、组织的层级化和条条框框，是对场态的区隔、破坏，是对能量场的降维——反过来，破除内部壁垒等效于场的扩大。

体制化会对企业的创新力产生伤害。所以，当企业进展到主要依靠人的创造性潜能的发挥求得发展的时候，专制体制便难以维持下去了，也不应该再去维持它[③]。一个不能再酝酿任何新东西的企业，是没有未来和希望的。企业要追求的是生长性和发展的战略性，而不是维护任何一种体制。传统企业向创新型企业转型，需要从传统组织方式向"场"组织模式的转变，如图4-2所示。

创新需要的是精神世界的扩张而不是压缩。走出体制，包括将每个人都从传统的部门和岗位中"拯救"出来，使其成为一个具有完全和独立自我意识及能量的创新主体。如黄仁勋更喜欢敏捷的公司结构，没有固定的

[①] 岗位化可以理解为对一个人的组织化和体制化。设想一下，当初如果乔布斯是在一个机构的某个岗位上，还会有苹果公司吗？30岁的贝索斯如果不辞去他在对冲基金公司DESCO副总裁的职位，会有亚马逊公司吗？

[②] 深陷这样一种体制，即便你什么道理都懂，也终将是什么改变都推动不了。

[③] 国家亦是如此。专制体制国家的企业，更可能会遭遇"双重专制体制"的问题。

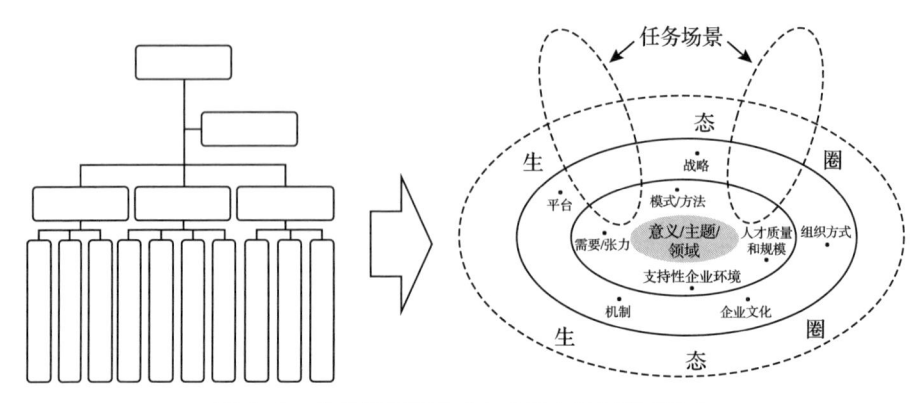

图 4-2　从传统组织方式向"场"组织模式转变

部门或等级制度，取而代之的是，员工每周提交一份清单，列出他们正在做的 5 件最重要的事情。

臭鼬工厂模式的本质就是"走出体制"。组建臭鼬工厂的凯利·约翰逊当时就十分清楚，要挑战公司交付的几乎不可能完成的任务，唯有大刀阔斧地改革，重塑企业管理形态，才能最大限度地挖掘员工的潜力。几天冥思苦想后，凯利·约翰逊向团队成员公布了臭鼬工厂的 14 条管理守则[1]。通过 14 条管理守则，凯利·约翰逊简化了一切不必要的流程，让研发团队脱离了各种条条框框的束缚。根据项目价值和个人喜好，研发人员能够自主地选择研究方向，从事自己真正喜爱的研发工作，从而极大地提高了员工的主观能动性。约翰逊在臭鼬工厂创办之初的想法就是要建立一个可以发挥设计师天赋的"小圈子"，在这里没有世俗的干扰，而他将会以一颗"工程师之心"来主宰这里的一切。在这里没有人情世故，工程师全凭能力说话；所谓的官僚主义、人浮于事的现象在这里是被完全杜绝的，这也就为

---

[1] 臭鼬工厂的 14 条法则：1.项目经理全权管理；2.小而精的自治团队；3.严格控制人数；4.简单发布与灵活修改；5.精简报告；6.负责任的成本管理；7.遴选分包商；8.质量检验；9.供应商全过程负责；10.明确技术指标；11.资助项目的持续性；12.与合作方建立信任；13.设置安全权限；14.负责的绩效管理。

一些在技术上是天才,在人情世故上是弱者的人提供了一个良好的发挥空间,只要一心扑到工作上即可,其他的事完全不需要考虑。[①]

走出体制的具体方式有很多种,如里德·哈斯廷斯说:我真正关注的是员工的工作成果,而非工作时长,所以我不盯着我的员工"996",他们也不需要考勤打卡,甚至可以"无限休假"。为了拥有更多时间去享受生活,员工自然会高效地完成工作。比起监管员工,我更看重员工的创造力。宽松的管理方式,更能激发员工的潜能。

在整个创新场中,创新项目是整个创新过程的末端形式。企业创新经营的一个方面,就是在企业"场"的土地上开出符合市场的花朵。这种整体上的"场组织"模式,并不否定在具体项目上采用适用的任何其他组织方式,包括那种非常传统的组织方式,可以把生产也理解为其中的一个项目,只不过是一个"生产"性质的项目而已——即在"场组织"中包含一个局部的生产型组织。性质上,只有两类组织模式:工厂和工场,企业实际的组织模式都是这两类基本模式的一种组合[②],二者的比例即企业的创新和运营(包括生产)功能的比例。

企业本就是一种"场"(社会场)的产出和自发秩序,创新是这一过程的重复[③]。自由可能是散漫的,杂乱的,有点失控,但唯有如此才能有原始创新力。山姆·阿尔特曼说:"在面对混乱时,存在一个误区,比如我的团队说,他们想结束混乱状态,想通过加强管理消除混乱。通过管理可以降低混乱的程度,但消除混乱是一个宏大的目标,需要权衡的一点是,如果一个组织从来没有出现过混乱,那么可以说这个创始人从来没有建立过伟大的公司。"

---

① 资料来源:互联网。

② 组合方式可以有很多种,如平行式、包含式和嵌入式。

③ 这也是"无形之手"比"有形之手"更有效的另一个原因:没有对"场"的破坏,以及更能够激起自发秩序。

"场组织"模式中,关注和设计的重点,不再是有形的组织形式,而是机制和文化。机制和文化是无形的,可以很"场性"。埃隆·马斯克:"我认为最重要的事,就是确保公司的奖惩机制,让创新者得到奖励,固步自封者受到处罚,这必须成为公司的一大特色。如果员工提出创新想法,并取得良好进展,就应该优先晋升;如果员工无法创新——并不是所有岗位都需要创新,但在需要创意的岗位上,员工无法提出创新想法,那就不应该得到晋升。如果员工创新就能晋升,公司将会获得很多创意。"

走出体制的另一个特点是:允许。允许有一点出格,允许在不确定的情况下采取行动,允许冒一定的风险,允许有一点点的非理性。允许的作用在于让我们不会错失一种可能的机会。企业系统对创新(者)要有支持,但又不能太过。对于真正热爱的东西,人们自然会去追求;如果是关注在物质条件上,那说明他在意的就是物质条件,而不是声称要做的东西。因此,考察一个人对一个东西是不是真的有兴趣的一个方法,就是允许但提供最少的条件支持——真正的兴趣只需要最低限度的支持:被允许。

未知的事情,总是要试过了才知道。企业组织应始终处在一种可以生成秩序的状态。部门是一个固化的管理单元,当我们追求组织的灵活性的时候,这种固化的状态需要被打破。组织系统的格式化,等于是在用一种结构消灭所有可能的结构,以及用一种结构去满足所有所需的结构。而创新的过程,需要创新者展示他的创新的价值,以及发挥个人组织和利用资源的能力,这是一个自组织的过程。

这是一个悖论:我们需要一种秩序,但又很容易受这种秩序的限制——任何秩序又都具有排他性。体制终将成为体制性障碍。体制一旦形成便难以回撤,因为习惯性、沉没成本和有关主体的利益关联;所以,变革总是有难度的,突破和打破一种体制更是有难度的。因此,从创新发展的角度看,不要轻易使一种结构和秩序固化、体制化,或者说,过于僵化。无序可以理解为多个秩序的综合态,有序是单一秩序。

任何一种类型的组织架构，都是一种体制。选择一种组织模式，亦是在向企业施加一种体制，施加一种有着某种局限性的"体制"，因为任何一种体制都有其局限性。最好的体制，是任务主体可以根据需要去选择一种体制。回到可选择状态，才能摆脱组织模式上的纠缠、对立与纷争。从演进过程视角来看，我们需要坚守的不是某一种体制，而是可以生出适当的体制的体制。企业整体，应该是一种体制与场态的动态的复合态。

整个组织体系像是变形虫，可以随任务而变。表现为频繁地重新组织，或组织的频繁的调整与变动。创新，亦是在创建一个新的秩序，它要求原有的秩序（包括组织秩序）至少要具有一定的弹性；对有形的组织的要求是，不能成为阻碍，但要具有阈值（作为筛选机制的构成）。创新型组织，应是一种支持创新的功能准备状态，是一种创新支持型组织[1]。

创新力与复杂性有关，所以需要构建一种复杂性组织，包括避免消减一个组织系统本来的复杂性，或者说"场性"。那种过度体制化的组织不适用于一个根本复杂性系统，在创新发展日渐成为趋势的情况下，其终将被这个复杂系统所埋葬，代之以一种更具开放性的系统组织方式，包括缩小权力的使用范围和尊重自发秩序。意识能量的世界本来就没有疆界，我们也不应该人为地去划定疆界。

创新发展，需要有对复杂系统的驾驭能力。复杂性更利于产生创新，要走创新发展道路，只有与复杂性共舞。创新型企业要具有驾驭复杂系统的能力，这种能力是创新（管理）能力的构成。企业需要有规则的运动，也需要有不规则的布朗运动（通过增温和扩大场态）。向创新型企业为主的商业世界演化的历史，也是一段对管理的需求不断上升[2]，以及管理理念和

---

[1] 许多企业的"创新管理部"应改为"创新支援部"，主要功能是搭建企业的创新支援系统，以及为创新主体提供帮助；在其之上可以有一个类似于腾讯的"总办"一样的组织，负责制定公司的创新管理政策和关于创新的重大决策。

[2] 原因是作为系统的企业的复杂性不断增加。

实践模式不断演化的历史。你不适应新的时代，并不是时代有什么问题，仅仅是你不适应而已。

创新发展是一种更高级的企业实践。在一种低级的企业管理模式下，不可能展开一种高级的实践。不可能在一种生产和销售型组织体制下，有效展开一种创新发展型实践，正如不可能在一种前现代文明的社会体制下，充分展开一种现代文明社会的实践。走出体制，不仅是皇权社会向现代文明社会转型的必需，也是传统企业向创造型企业转型的必需。走出体制，还包括走出人们的体制性思维和组织观念。

4.4　主题性与创造性惯例

创新是面向未知和未然的，无法给其确定一个十分具体的方向，但显然又需要有一个方向，否则，系统会陷入绝对的混乱和无序。能够解决这个问题的东西是意义和主题，即构建以意义和主题引领的创新场，例如SpaceX的创新方向是降低每次发射的成本和提高火箭的运载能力，Meta的新主题是"元宇宙"。赋予一种意义和方向，可以极大地提高创新性活动的发生率，创新的产生总是需要一个引导性的东西，正如野中郁次郎在《创新的本质》一书中所说：形式上的关系网是不会发生作用的，只有形成了以意义为基础的"场"，关系网才能发挥作用。所以，企业的创新场最好是一种主题性的创新场。

主题的作用之二在于，管理企业创新的范围并成为企业创新体系的框架，例如在3M公司的价值观中，几乎任何新产品构想都是可接受的。尽管该公司以上漆与砌合工业为主流，但它并不排斥其他类别的新产品。麻省理工学院研究3M公司长达20年的罗勃斯（Edward Roberts）说："只要产品构想合乎该公司财务上的衡量标准，如销售成长、利润等，不管它是否属于该公司从事的主要行业范围内，3M公司都乐于接受。"

再如1997年，乔布斯重返苹果，当时的苹果正在生产不同系列的电脑和外设产品，其中包括十多个版本的Macintosh，整个产品布局十分杂乱随意。在长达一星期的产品总结会结束后，乔布斯终于受够了。"够了！"他大喊道，"这太疯狂了。"他抓起一支记号笔，光着脚信步走到一面白板前，画了一个二乘二的表格宣布："这才是我们要的。"在两栏的顶端，他写下"消费者"和"专业人员"，在两行的前端他写下"桌面"和"便携"。他告诉团队，他们的工作就是要生产四个伟大的产品，表格的每一格代表一个产品，其余的产品应该全部取消。

主题的作用之三在于，建设创新场本身的需要。对企业而言，创新是一类孵化性质的活动，企业需要做的事情，包括提供合适的环境与条件，但企业要知道应该提供什么样的具体环境和条件。主题有利于企业开展如人员的招募、模式的建立和条件的准备等各类基础性、建设性活动。

创造性惯例即企业创新的方法。企业应该在经验的基础上形成适合自己的创新的方法——或称之为"模式"。企业的创新也总是需要有个模式，就像人要形成一些好的习惯一样。模式是一种凝缩了的最佳设计，模式可以用来驾驭复杂性，避免过度无序带来的低效。不同企业的创新模式可能各不相同，它的形成（或创新模式的创新）还与企业的创新领域、要求、自身条件和社会环境等有关。创新模式，即创新的实践模式。创新模式的创新要立足于实践，或者说，它本来就是来自实践方法的总结。

最重要的还不是组织方法的问题 5

5.1 组织跟随战略？

《战略与结构》一书的作者艾尔弗雷德·D·钱德勒认为是"结构跟随战略"，他把"结构"定义为"为管理一个企业所采用的组织设计"，所以，他的这个说法也可转换为"组织跟随战略"。但他忽视了一些问题：战略从哪里来？在还没有战略的时候，组织该怎么设计？战略周期结束了呢？他所看到的"结构跟随战略"只是一个局部现象，他显然没有把关于组织的问题放在企业过程的"全景"中进行考察。企业并不是总能在明确无误的战略下运行[①]。

换个角度看，组织跟随战略的观念和思维，容易导致企业缺乏有效的战略演进，常常错过新的机会并随着一个时代或战略周期的落幕而走向衰败。例如，作为当时硅谷的明星企业，惠普公司在两位创始人去世后很短的时间内就开始走向衰落并完美错过由硅谷引领的新产业时代大潮，原因

[①] 就像三星电子前 CEO 权五铉所说：拿我从事的半导体行业来说，我可以将今后 3 年的情况预测得八九不离十。虽然难免发生一些突发的变数，但毕竟工作有一定的连贯性和延续性，因此 3 年内的情况多多少少还可以预见。然而，如果要预测今后 5 年的情况，就要小心谨慎了，因为准确率往往只有一半，而且这已经是极限了。那么今后 10 年的情况会是怎么样的呢？我敢肯定，准确率几乎为 0。10 年前，我曾预测过半导体行业的未来，但未来充满了如此多的变数，今天的情况完全在我的预料之外。——摘自《战略定力》（权五铉著，江苏凤凰文艺出版社 2020 年出版）。

或许就藏在"惠普之道"中，那就是它的"目标管理"（MBO）政策：通过明确提出总目标并取得一致意见，使人们能灵活地以他们认为最合适完成其职责的方式去致力于实现那些目标。惠普的这种管理模式可以被看成组织跟随战略的一种实践版本，人们都围绕着"明确提出并取得一致意见的公司总目标"行动。正确的企业经营思维应该是：实现最大的可能性，而不是只盯着某个特定的目标。

所以，钱德勒的这个观点需要被修正。组织跟随战略只是一个局域上的事情，不能被作为一种整体上的关系规则。不能完全秉持组织跟随战略的思想，还需要有组织创造战略的部分——而且，商业世界演化的速度越快，这部分越重要。组织管理本身正变得越来越具有战略意义，也越来越需要具有战略意义。而且，如果我们把社会看成一个组织，把企业看成一个战略性项目，则可以非常明显地看出，总体上，是组织创造出战略，即从社会中生长出企业[①]。就企业而言，除了成立之初的那个战略（如果有的话）是既有的，其他新的战略和战略的发展都是企业人创造的结果，都是从企业组织中生出来的。

要让组织创造战略，我们就要知道能创造战略的东西是什么，它来自哪里？组织创造战略的关键构造是，在组织化的模式中兼容个体模式，不能完全"组织化"。创造是人的创造，而且，它在起点上完全是个人式的——任何新的想法和洞见在一开始的时候都是个人式的，都产生于个人模式，就像有人说的：很多想法都是突如其来的，就像是上帝编好程序，在某个时间放置到某个人的大脑中。例如有人评论，在苹果公司，有时候史蒂夫·乔布斯只使用一个人焦点小组：他自己。这个方法在 iPod 的开发中可以体现出来，作为一个音乐狂，他想要一台能把 1000 首歌都装在口袋

[①] 有些关系，放到一个更宏观的相似系统中观察，就可以看得很清楚——这种放大观察的方式，我称之为"逻辑显微镜"。

里的简单产品；他经常说，他只是想做一款自己和朋友想要的产品。

兼容也是为了实现对个人的创造性潜能的充分利用。不能打着"服从组织"的旗号浪费个人才干，组织本身并不是目的。组织的"组织"部分，可以理解为那种类似于"机器"的模式的部分；以这种模式应对未然和企业的进一步发展，显然是行不通的。个人意志才能带来秩序的扩展。从组织跟随战略向组织创造战略转变的过程，也是把对个人主义的尊重纳入组织设计中的过程[①]。每个人都是一个可能的战略性生长点。追求是属于个人的，企业本身并不产生这样的内容，企业必须允许一种个人式的行为发生。

企业需要在组织跟随战略和组织创造战略之间取得一种平衡。在以知识化、复杂性增长、创新和创新主体分散等为基本特征的未来世界，企业的战略越来越不会仅仅来自大 BOSS 们的英明决策，而是来自整个组织的涌现，不是一个人，而是一群人。所以，不能再过分强调人的组织化；要给个人（创造）施展才能的空间。

这种组织设计，指向的是一种更为基础的战略——战略性生长，即以价值性生长和追求战略发展为战略。战略性生长战略，是更具基础意义的战略，它体现的是企业的本质。正像萨蒂亚·纳德拉所说：我们商业的核心是对创新的需求。不能因具体战略而偏废战略性生长这个根本性战略，而且，如果是以战略性生长为战略，则组织跟随战略这个说法本身就没什么问题了。

5.2　企业社会系统是组织功能的基础性构成

在组织设计上，可以做 A 与 B 紧密合作这样的设计，但实践中，人们

[①] 对个人主义的尊重也是避免组织僵化的一种方式。

真的就会紧密合作吗？显然不一定。人们是否会按照设计去做，还受"人们"这个因素本身的影响。优衣库创始人柳井正说："如果不能建立起牢固的人际关系，组织就几乎不可能发挥作用。"[①]山姆·阿尔特曼说："乐观、痴迷、自信、原始动力和人际关系是一切的开始。"埃隆·马斯克说："公司就是一群人聚在一起创造出产品或服务，这群人本领越大、工作越勤奋、凝聚力越强、目标越明确，公司就越有可能成功。"

再来看看有人对诺基亚手机业务失败的分析。

禁锢公司的恐惧来自两处。首先，公司的高管以可怕著称。这在诸如副总裁、总监这些中层管理者眼中基本就是一个"常识"。诺基亚的一些董事会成员和高管被描述成"极端地喜怒无常"，他们常常"以最大的肺活量"朝人们大吼大叫。在这样的环境下，要告诉他们不想听的事情是非常非常困难的。要知道，担心被炒鱿鱼或贬谪是人之常情。

其次，由于诺基亚的高任务和以业绩为中心的管理体制，高层非常担心外部环境的变化以及不能实现他们的季度目标，这也影响了他们对待中层经理的态度和方式。尽管他们认识到了自己的手机需要一个比当时的塞班系统更好的操作系统，用来和苹果的 iOS 竞争，也知道研发需要数年，但害怕在当时公开承认塞班技不如人，因为担心会被外部投资者、供应商以及消费者认为是"失败者"，从而被他们抛弃。一位高管说："打造一个新的操作系统需要时日，那就是我们为什么不得不坚持用塞班的原因。"没有人想要对坏消息有所担当。虽然如此，高层还是在开发新的技术平台上投了资；他们相信这个技术平台能在中期赶上 iPhone 的平台。

高管都被蒙在鼓里。高管指出中层经理们的目标不够有野心、达不到高管"期望"的目标，这让中层经理们害怕惹恼了他们。一位中层经理建议同事挑战高管的决策，但他的同事说："我不敢，因为我上有老下有小，

---

① 柳井正. 经营者养成笔记 [M]. 北京：机械工业出版社，2018.

要养家糊口。"因为害怕高管的反应，所以，中层经理变得沉默寡言，或者只报喜不报忧，提供过滤掉的信息。

这种普遍存在的恐惧被诺基亚的地位文化强化了。在这种阶层明显的文化里，每个人都想紧紧抓住权力，因为害怕资源被强权者占有，或者被贬谪，如果他们敢于汇报不好的消息，或者表现出他们不是足够勇敢或有雄心承担有挑战的任务，很可能会被"打入冷宫"。

把一切都当成生意。这种高管害怕外部环境、中层害怕高管的氛围，导致高管和中层在关于诺基亚如何快速开发新的智能手机以及与 iPhone 匹敌的软件的问题上产生了理念上的"去耦"。中层经理们不断报告乐观的信号，高管们对驱动他们更努力工作以赶上苹果缺乏足够的危机感。结果，高管唯一做的事情就是不断扩展目标。由于害怕诺基亚会丧失在全球的领导地位，以及不好看的财务表现，高管们给中层施加了很大的压力，让他们快速地推出一款触屏手机。"我们施加给塞班软件组织的压力是不理性的，因为商业的现实是如此迫在眉睫。你必须有东西可卖。"一位高管说。

除了言语上的敲打，为了实现更快的业绩增长，高管还对人事部门的遴选工作施压。他们偏好表现出"我能完成任务"（can do）状态的"新鲜血液"。这导致中层经理过度承诺，但结果都非常惨淡。一位中层经理说："越早承诺，或承诺更多，你就能获得资源。它就像搞销售。"高管缺乏技术能力使得这种情况更加糟糕，它决定了高管在设置目标时评估技术的局限性。在苹果，高层都是工程师；在诺基亚，一切都被当成生意，用数据来证明谁是英雄，谁是狗熊。苹果是工程师驱动的文化，然而当时的诺基亚高层没有真正懂软件的人。

当时诺基亚有十足的研发火力、技术能力和远见——诺基亚的专利年收入仍然在 6 亿美元，且由它的那些风头正劲的对手苹果、三星支付，但诺基亚的最终没落可归咎于内部政治。简言之，诺基亚人相互掣肘，使得这家公司逐渐丧失了对外部竞争的免疫力，变得脆弱。当恐惧充斥各个层级时，组织中的低阶人员就把眼光转向了内部，以保护资源、他们自己以及他们所在的业务单元，不放弃任何东西，因为害怕会对自己的饭碗造成伤害。高层经理也未能以他们的强力、严苛的办法激励中层经理，而且还陷入了远离真相的黑暗之中。[1]

可以设想一下，诺基亚（手机）如果像乔布斯的苹果公司那样，或许就不是那个结局了。苹果公司的情况正如乔布斯所说：如果谁把什么事搞砸了，我会当面跟他说，诚实是我的责任。那是我试图创建的文化。我们相互间诚实到残酷的地步，任何人都可以告诉我，他们认为我就是一坨狗屎，我也可以这样说他们。我们有过一些激烈的争吵，互相吼叫，那是我最美好的记忆。我在大庭广众之下说"罗恩，那个商店看起来像坨屎"的时候没什么不良感觉。或者我会说"上帝，我们真他妈把这个工艺搞砸了"，就当着负责人的面。这就是我们的规矩：你就得超级诚实。[2]

一个人才密度高、相互信任、同心同德和彼此之间真诚直接的组织，肯定比一个人员平庸、相互猜忌、对立和大家都戴着一副假面具的组织更有战斗力，更有可能取得成功。事实上，有很多企业是死于内斗和不良的企业政治，它们表现出来的战略、技术、产品或市场等问题也是一种结果，而不是根本原因。如果是一群人，不计得失、团结协作和充满活力，这就是组织的最好状态——许多企业在创业阶段曾经有过这种状态。仅就"组织"而言，比组织方法的问题更重要的是组织的"社会系统"的问题，换句话说，组织方法的问题并没有人们认为的那么重要——如创造全球最高市值的公司苹果采用的仍是最传统的按专业划分的组织方式。很多人把关于组织问题的视角主要放在组织方法上（比如直线制、直线职能制、事业部制、矩阵制和中台模式等），甚至把组织问题等同于组织方法的问题，这

---

[1] 参考知乎平台上发表的一篇文章：《千亿帝国的崩塌，诺基亚前任CEO最深刻反思：谁杀死了诺基亚？》，有删减。

[2] 资料来源：互联网。

是一个误区。

企业从一人发展到多人时,其"社会"就产生了,并构成组织运行的社会环境和社会基础,以及企业发展的社会基础,如图 5-1 所示。初创阶段,企业差不多完全是在社会系统的基础上运行;没有被组织的地方,包括非正式组织部分,比如员工们私下的交流与合作,也是由社会系统发挥着"组织"的作用。

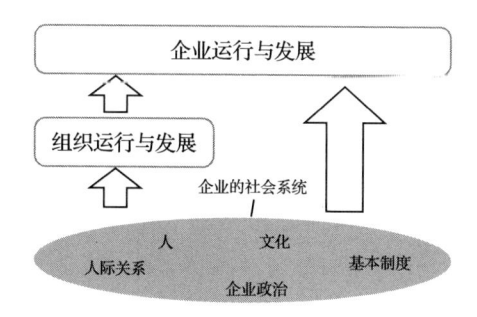

图 5-1 企业的社会系统是基础

同时,对企业而言,社会不仅是它的经营环境,也是对它的准备。对比美国和一个非洲国家,我们就能知道"社会"对于企业的产生的意义——只有在美国这个社会中,才能产生如苹果、SpaceX 等这样的公司,而在一个非洲国家是绝不可能产生的。社会的社会系统是企业的"产房";在企业系统中,同理——企业的社会系统,是现有业务的"运营基地",亦是新业务(包括对现有业务的改进)的"产房"。[①] 能创造奇迹的不是组织的组织方法部分,而是组织的"社会系统"部分。基础不好,任何组织方法都很难有效。一个贫瘠的社会,不会产生繁荣;一个糟糕的社会,不会产生持续的、进一步的繁荣。

企业的社会系统是企业作为一个功能单元的基态、隐态和母系统态,

---

① 所以,需要重视提升企业社会系统创造新业务的能力,这便是我在《管理即企业设计》一书中所说的企业社会系统战略是完整的企业战略的基础构成的原因。

所有的东西都出自社会。企业发展的组织动能的增强，并不仅仅来自有形的组织方法和机制设计，还有这些隐性的"暗能量"的因素，它们共同构成一个完整的组织系统。创造力与人有关，而人又被社会系统影响和塑造，创造力与社会系统有关。科技创新是通过实验完成的，却是在实验之外被决定的。不同国家的企业之间的差距，在它们各自的社会那里就已经注定了。

组织方法与企业的社会系统，共同构成企业组织的功能——或者说，作为功能体的组织。社会系统的性能和特征，严重影响着组织的功能。组织的核心问题是功能问题[①]。组织发展是指组织功能的发展，而不是指组织方法的变阵。组织发展的一个重要组成部分是其社会系统的发展——向符合"企业"这类主体需要的方向发展，这也是最具功能发展意义的发展和最具功能发展潜力的领域。同时，在组织变革上，那种动辄调结构的方式，不仅变革成本高，而且往往并不解决实质性的问题。

人员特质、企业文化、人际关系、透明度、包容性、企业政治和相关规则体系等构成企业的社会系统。企业社会系统，即企业作为一个主体的主观能量态。这种复杂的主观能量态的运动，是塑造企业的根本性力量。正如有位企业家所说：把有限的能力合在一起，合在一个方向上，合在一个目标上，这才是（企业）成功的最重要的标志。主观能量态+平台（价值性资产）构成企业的内能，或者说，发展潜能。企业社会系统的问题是一个具有复杂性属性的问题，复杂性的原因在于人（性）的根本复杂性[②]。

[①] 目前许多企业的"人力资源部"应改名为"组织功能管理部"，以与其实际上应该承载的功能相符，并明确其功能的指向。

[②] 企业面临的最具复杂性的问题有两个：产品技术问题的复杂性和企业社会系统问题的复杂性。同时，没有解决企业社会系统的复杂性问题，则产品技术的复杂性问题肯定解决不了——就像在一个不诚实（包括对人和对事的诚实）和缺乏合作的社会，不可能开发出一种非常复杂的技术性产品。

5　最重要的还不是组织方法的问题

接下来，我尝试理出一个关于企业社会系统问题的框架，包括构成和问题解决的基本路径。

（1）人是社会系统的关键性构成。成败都是人为的结果。人的素质和特性对事情的影响是最大的。正像黑石集团创始人苏世民所说的：如果你的公司都是10分的人才，那你真的可以无所不能，他们会积极主动地感知问题，并提出解决方案，开拓新的领域，无论做什么事情他们都得心应手；9分人才，他们在执行过程中，也能找到好的策略，虽然不是最佳的决策，但如果一个公司都是9分人才，那也会是一家成功的企业；8分人才就是那种言听计从，只会按照老板要求去做事的人；7分及7分以下的人才，他们往往会将事情搞砸。

再例如，20世纪80年代初，德州仪器在日本开设了一家芯片工厂。在生产线开始量产芯片3个月后，该工厂的良率达到了美国德州工厂的两倍。于是，张忠谋被派往日本了解新工厂的良率为何如此之高。结果他发现，关键在于员工。在日本，高技能员工的流动率低得惊人，日本的工人工作非常严谨，非常认真，所以直接拉升了芯片的良率。

企业的一项重要任务就是弄清楚自己需要什么样的人。正如山姆·阿尔特曼所说：我们明确知道需要什么人才，第一，良好清晰的沟通能力是非常重要的，特别是对于早期的员工来说，善于沟通的创业公司，往往比沟通能力弱的创业公司发展快得多[1]；第二，坚定的意志，虽然对员工来说这一点并不像对合伙人那么重要，但仍然是很重要的，有些人很容易满足，有点小懒惰之类的，不要用这种人；第三，我们有一种叫"动物测试"的方法，我们会根据岗位称某些员工为"××动物"，比如有人是"营销动物"等，这是个好事，公司需要这些人全身心投入自己擅长的领域；第四，

---

[1] 我认为这是因为创业公司还没有建立起有效的规则体系，许多事情需要通过有效的沟通加以解决。

要看你是否愿意向其汇报工作，这是扎克伯格上次来 YC 演讲时提出的，我认为是一个特别棒的观点——如果岗位对调，他不会去选择那些他不想向其汇报工作的人。

而乔布斯要的则是那种有激情、有创造力、绝顶聪明又略带叛逆的人才。乔布斯还说："我特别喜欢和聪明人交往，因为不用考虑他们的尊严"。采访者问他："聪明人没有尊严吗？"乔布斯补充说："不，聪明人更关注自己的成长，时刻保持开放的心态，而不是捍卫'面子'，不是想方设法证明'我没错'。"且不论乔布斯的这个说法本身对或不对，它至少说明了：不同的人是不同的。一般来说，层次越高的人，越会去追求"意义"。

星巴克 CEO 霍华德·舒尔茨的核心标准是：员工与公司有志同道合的价值观，这才是关键所在。如果你察觉，有人没有该种价值观，你得立马跟他谈谈。要是他们真与公司离心背德了，不是每个人都值得留在团队。

在其他什么都没有改变的情况下，人换了，活儿干得就不一样了，事情就大不一样了——这是常见的现象。如史蒂夫·鲍尔默下课，微软又"刷新"了。对企业而言，人才是指在主观上和能量态上更符合企业需要的人；解决人的问题，包括解决主观上的问题和能量态上的问题[1]，以及让员工始终处于一种身心健康的状态，或者说，正常的主观能量态的状态。

（2）排在第二位的是人际关系。人际关系影响人们之间心理上的距离远近、个人对他人的心理倾向以及相应的行为等。对企业而言，好的人际关系有利于人们之间的合作与有效互动，以及组织环境相对于个人而言的

---

[1] 解决的手段包括第一手段和第二手段。第一手段指选择与招聘，第二手段指企业文化、内部培训、促进学习与成长，以及企业制度（在不同的制度和管理模式下，人实际表现出来的能量态是不一样的）等。

友好性。彼此信任、心存善意①、相互了解等，是符合企业需要的人际关系的表现与构成。

良好的人际关系带来合作性、团队化与集体能量的增强。缺乏内在合作性的任务群体，只是一个"工作组"，而不是"团队"。工作组的能量是工作组成员的能量的简单相加，而团队的能量还要加上团队成员的能量的乘积效应。团队包含了信任与相互支持。团队型组织中，个人的成长也会更快。就连蒂姆·库克都说："在苹果公司和我一起工作的团队成员，是来自全球各地的佼佼者；他们激励着我用不同方式思考问题，从不同角度看待问题，就某一话题展开辩论，我喜欢这样——我觉得要想保持灵感，这一点非常重要。有人激励你去积极思考，指出你的错误，和你分享看待问题的新视角，一个问题可以从多个角度分析，这些都是非常宝贵的。"

再例如，以昔日的索尼为代表的日本企业的创新特点是建立在个人关系之上的，这种个人关系可以使组织中的人全身心投入到创新工作中，而不会斤斤计较，同时，个人间的情感是激活创新灵感的绝佳催化剂。而且，良好的人际关系可以降低人与人之间的关系成本和消除情绪劳动，充分的沟通和信任已经可以使大部分问题得到解决。

信任是良性关系的基石。在相互信任的情况下，人们是自由而高效的。在没有信任的情况下，监管就是必要的，因此就有了监管成本；相反，这种成本支出就不需要了。在充分信任的情况下，每个人的发挥也是充分的。

不良的人际关系带来的是不合作、对立和消耗。"1+1＞2"的效果主要来自两个方面：分工产生的效率；能量聚合而产生的能量增强。但要实现这二者，需要一个前提——合作性与有效互动。不良的人际关系既不会带来合作性，也不会带来有效互动。那种处在一种强烈的情绪张力状态的

---

① 例如，埃隆·马斯克2023年6月1日在特斯拉上海工厂发言时说："我更看重的是员工，我希望中国的管理人员要善待自己的同胞。"再例如，在一个充满善意的组织中，肯定不会发生如2023年10月20日曝出的国内某啤酒厂有工人在原料仓小便的事儿。

企业，不仅会严重自我消耗，而且是很危险的。再说，如果是彼此消耗，就已经与人们组建组织的目的相悖了。一个人际关系糟糕、企业政治问题严重的企业，也不会对人（才）有吸引力。

（3）然后是透明度和包容性。透明有利于协同，有利于产生信任，有利于避免产生一些问题（包括不良行为和不道德行为），还有利于修正错误和解决问题。例如美国全食超市（Whole Foods）每个员工都知道其他人的工资是多少，这是一种被称为"工资透明"的做法。超市创办人麦基告诉Freakonomics广播的电台主持人斯蒂芬·杜布纳："它给了人们一个奋斗的目标。"麦基表示，除了起到激励作用外，工资透明还有另一个重要目的：你可以修正错误。麦基告诉杜布纳："当你非常透明地揭示一个薪酬结构，且有时事情并不公正的时候，人们就会抱怨。而这就给了你一个纠正的机会。""不过在其他时候，（薪酬）是公正的，是经得起质疑的。通过这种薪酬结构，你就会向人们指出公司最重视品质和能获得的相应的奖励。"如果觉得缺乏公平，可以与领导层协商。[①]

而包容性的最大功用在于，有利于个体保持一种"我自体"的状态，而不是被过度地"体制化"，这有利于创造性活动的发生。当你不用对事事都有顾虑时，你就拥有了更多的精力和能量。保持个性而不是同一性，才会有新事物的出现；个性化的人是企业的个性化发展的来源和力量的基础。蒂姆·库克说："我们建立多元化的团队，为他们提供一个包容的环境，让他们可以相互滋养、汲取能量。这样，员工就会在意自己的工作，想要创造出世上最好的产品。因为在意，他们有时半夜想到好点子，也会立即打电话给别人，因为他们知道，通过分享和交流，可以进一步完善推进创意。在苹果，1+1永远大于2，我们就是这样做的。"

（4）政治是社会系统的底层结构和机制。政治问题，即人在社会系统

---

① 资料来源：腾讯网。

中的权利关系问题。政治学，是关于人在社会系统中的权利关系的管理学。社会经济制度天然地属于政治的范畴，具有政治属性。权利关系问题，是人参与社会的一个基本问题。在一个社会中，每一个个体的存在又都是一种社会性存在，而不再是一种完全独立性的存在。企业是人为的结果，在一个社会系统中，人为又在很大程度上由其在社会系统中的这种权利关系所决定，所以，企业政治问题是企业社会系统中的一个重要问题[1]。

企业政治学的任务之一是去除权力[2]和既得利益者。权力造成权力者为尊的环境和氛围，它将带来一系列的问题。权力型组织中，是权力者胜出，而不是好想法胜出；而在没有权力的情况下，胜出要靠好想法——这是一个很大的不同。权力者的想法是最好的，这种情况有，但并非总是如此。权力型社会不会产生知识上的进步，因为那不构成参与者的竞争力。权力排除了选择的力量，并使得人的那种天然的自由思想被摧毁。权力会降低人与组织的心智。权力之下无真理（否则就不需要权力），人们也不会再去追求真理。权力是属于人为法的东西，是反自然秩序和自发秩序的，否则，也不需要权力。权力会阻碍那些自然机制发挥作用；如果自然机制（如人的免疫机制）被破坏或阻断，系统会变得脆弱和易出问题。

权力会制造一个凌驾一切的目标，这给企业带来一个风险和一个危害，一个风险是目标失败的风险，一个危害是其他的生长都不可能发生——凌驾一切的目标，即意味着不给其他的生长以机会，而企业的持续健康发展要建立在更广泛的生发和自然选择的基础上。权力会构成对他者的主观和行为的钳制[3]，而这些又是创新所必需的；权力模式与创新型时代格格不入。权力可以使我们得到一种秩序，但也使我们同时损失其他的更有价值的东西。权力是这个世界上最邪恶的东西，它明白无误地站在文明的对立

---

[1] 正如国家政治制度问题是一个国家社会系统中的重要问题一样。
[2] 要区分"权力"（power）和"职权"（ex officio），"职权"即履职权或职责。
[3] 权力就是因对他者的控制的需要而产生的。

面——绝对的权力（如皇权）更是会造成整个社会精神世界的荒漠化。

人们总是倾向于把自己的想法变成现实，权力会帮助他这样去做。一切拥有权力的人，都有滥用权力和为自己谋求私利的倾向。批判不仅是可以消除错误和瑕疵的路径，更是达到内心完全认同的一条路径，企业需要批判型文化。当然，前提是自由、平权的社会环境，要让员工们敢于批判。说权力者和被权力者会真诚合作，那是假话。强权之下，不可能有一种良性的关系。

权力欲强的人对企业是有害的。人都会追求相对于别人的心理优势，如果有了权力，他绝对不会放弃或不行使。例如在一个咨询项目中，一家设计院的院长说了这样一句话："如果每个人的收入都是计算的，那我这个院长还有什么权力？"让我切实感受到了人的权力欲有多强！权力欲也是官僚主义的一个成因。权力模式具有自我强化的趋势。

企业就是一个企业干事业的场所，除此之外，不应该还有别的。性质上，企业是一个价值型组织，而不是一个政权型组织。企业的社会，不应是一个权力型社会，而应是一个专业型社会。企业没有必要限制任何人的脱颖而出。权力化意味着体制化，完全的权力化是对"社会"的彻底的消灭，而社会才是可以生出一切的东西。企业应让那种开放和自由社会的特征在企业内部被延续，而不是被终结。企业CEO应该是企业的"1号员工"，而不是最大的权力者。

去除权力，才会有普遍的个体力量的崛起。没有了人与人之间的权力关系，也就没有了对他者的能量态的消减。没有自由，哪儿来的活力？没有自由度，哪儿来的可能性？通过权力解决问题，最终都会被权力所伤。权力注定不是可以带来人类进步的力量。只要你愿意接受贫穷与落后，那么你可以不接受自由与开放世界的理念。任何总想要统一别人思想的人，都是暴徒，意识世界里的暴徒，无论他们是要把人们的思想统一在什么上面，他们都是在摧毁开放型社会的基础。开放型社会具有自然进化的功能。

同时，既得利益主体会维护自己的利益和现在的秩序，会成为秩序扩展和改变的阻碍性力量。既得利益主体是企业进化和进步的敌人。私利会阻碍真相和真理的传播。没有既得利益，才能行公理（axiom）。"在位者"是有优势的，当"在位者"本身成为变革的对象时，你就不应再对变革抱有希望。为了企业的持续发展，最好不要制造出那种"在位者"。制造山头却不创造价值的人必须被去除。

对企业而言，除了作为市场主体的企业自身之外，应警惕再制造出其他的既得利益主体，他们会维持和强化那种秩序和体制（比如官僚制的社会体制会形成对官僚制体制的强化），并会对开放型社会系统模式产生侵蚀或构成威胁。诺基亚（手机）和柯达这两家公司失败的原因本质上是一样的，都是因为公司发展壮大了、历史久了、人多了，然后公司内部就形成了一个灰色的、潜藏的利益生态系统，里面有各方的利益关系，有时相互制约，有时相互损耗，这对转型埋下隐患。

越来越多的企业已经开始意识到这一点，比如在硅谷，平等是普遍的企业共识。一位中国的企业家也曾说过，在他们公司内部，都不称呼这"总"那"总"的，也不称呼"您"，因为如果那样，开会时，一看到有几个"总"在场，很多人就不敢说话了。有平等，才有人们的自由表达，才能汲取众人的智慧。

再比如特斯拉大中华区总裁朱晓彤说：我们这里没有庞大的行政机构对于管理层有一些什么服务；我对在这里的管理人员说，你们千万不要生活不能自理呀，自个儿该订票就去订票，该打饭就去打饭，该干嘛就去干嘛；大家也都很习惯，也非常喜欢这样，因为这才是一个真正平等的表现。马斯克说："特斯拉很多员工都是从生产线一路提拔到高级管理层的。在我们这里，人没有高低贵贱之分，所有人都在同一张桌子上吃饭，所有人都用同一个停车场。你知道GM有部专人电梯，只有高管才能坐，特斯拉没有这种待遇。"

平权才能带来能量的充分、有效的互动。平等才能让人表现出真实的自我。企业需要有尖锐的争论、建设性的冲突①，这些是为寻找最好的答案所做的努力，不过这种情况只会在负责任和平等的情况下发生。建设性冲突，当然比表面的和谐更有利于企业的发展。害怕冲突几乎是平权问题已经存在的迹象。

不平等即意味着存在对他人的强权与矮化，这容易使另一方产生压抑、消耗、失望、气馁、放弃的心理。企业组织中，可以有层级，但不应有等级；层级是系统自身的构成。一个人的意志高于另一个人，就是人格上的不平等。企业的核心追求是共同的价值创造，要注意避免权力对"我自体"和共同体的伤害。如果有阶层之分，那就不可能成为共同体。

企业政治学的任务之二是实现价值治理。企业政治，亦为企业社会提供一个价值观导向，是企业治理的重要构成。企业是一个商业价值系统，其社会系统的构建应服从于这种目的，即遵循价值秩序原则。价值秩序扭曲的结果是人才尽失和没有人愿意做出贡献。企业政治的一个重要功能就是建立和维护一种这样的秩序。

在商业世界，价值是唯一有效的通行证。也唯有价值才能兼顾各方的利益和需要；否则，把谁置于第一（无论是客户第一、股东第一还是员工第一）都没有意义。企业适用的是价值经营和价值治理理念，任何人都只能通过为企业提供更大的价值贡献（能使企业取得更好的经营绩效的行为，都属价值贡献，包括解决复杂问题、带领他人取得卓越成就、激发他人灵感、赋能他人和支持他人等）来获得他的收益和在组织中的地位。例如，NBA球员只有一个目的——打好篮球；与他们薪水挂钩的只有一个因素——在球场上的价值，其他因素，如种族、出身、学历、年龄、资历、

---

① 不是指围绕人或性格的冲突，而是指积极有效的认识上的冲突，是在讨论问题和做决策时，人们真诚地表达的不一致意见。

5　最重要的还不是组织方法的问题

人品等都与薪水无关。你很可能会发现，一个打了十年球的老资历球员，其薪水可能远不及一个刚刚加入的新球员。同样，一个曾经的顶级球星，在年老体衰时，也会大幅度降低自己的身价，在球队中的地位也由特权者变成蓝领苦力。在这里，实力永远是第一位的，而感情、面子、资历几乎根本不在考虑之列。没有人提出尊老爱幼的道德要求，也没有人有资格躺在过去的功劳簿上吃老本，更没有人因为自己地位的下降而抱怨。教练也只有一个目的，就是赢球，不管他以前带队赢得过多少冠军，他现在的表现才是关键，战绩太差就会被"下课"——你很容易发现，某一个队的主教练被解雇后会去另一个队当助教。教练虽然在诸如球员的使用等问题上有绝对的权力，但他的工资可能都不及本队顶薪球员的20%。

再比如，马化腾曾介绍说：开始创业的伙伴几乎都是我的大学、中学同学……当时我出主要的启动资金，有人想加钱、占更大的股份，我说不行，根据我对你的能力的判断，你不适合拿更多的股份。因为一个人未来的潜力要和应有的股份匹配，不匹配就要出问题。

既然是做企业，就应该有一种企业性质的游戏规则。在个人模式下，个人的价值贡献是清楚的，个人的价值创造与价值兑现也肯定是一致的。但在组织这种集体工作模式下，个人的价值贡献就不那么清晰明了了。集体模式同时为机会主义的产生创造了条件。划小组织单位可以一定程度上解决这些组织上的问题，但这与我们对组织的需要是相悖的——想象一下，照这一逻辑，划小到以个人为单位是最好的，它是一种通过退出组织来解决组织的这类问题的方式，是一种没有多大意义的解决方式。所以，还需要有绩效管理，绩效管理的目的之一是排除机会主义。但绩效管理更重要的功能在于，它是价值治理的组件——绩效管理应以一种价值治理体系的实现为目的和设计原则，包括最大限度地激励员工和发挥其价值创造潜能。应从价值治理的视角看待和进行绩效管理。

我们为什么非要追求某种社会秩序？因为唯有那种秩序才是合理的、

道德的、有创造力的，以及可以带来更进一步的繁荣与发展的。正如有人所说：人们在一种自由的统治下，是坦率的、忠诚的、勤奋的、人道的；而在一种专制的统治下，人则是卑鄙的、狡诈的、恶劣的，不会产生天才，人也没有质疑的勇气。企业需保障对个体的尊重、平等、公平、言论自由、防止滥权和腐败。人们建立组织的原因，就是需要通过合作完成更大的任务，所以，要促进合作，积极地合作，以及让每个人的能量都可以充分发挥出来。作为企业，应去除抑制个人和集体能量充分发挥的组织因素——这是一种理性，是企业的企业性社会系统理性。

对个人权利的保障会激发人们参与社会事务的积极性，并扩大参与的深度和广度。权利保障也是建立信任与合作的基础，并能促进人们更愿意分享知识、进行创新和积极地做出贡献。深度的、更广泛的社会化，会增加社会的繁荣，这是作为合作型社会的规模经济和增强效应所致。

再就企业家精神而言，同样一个人，生活在民主国家和生活在极权国家所表现出来的企业家精神肯定是不一样的——单纯地提要有企业家精神是没有意义的，要考察企业家精神的来源；企业家精神是社会制度的产出，即在那种制度环境下，总会有人表现出那种主观和能量态——意志是人与生俱来的东西，企业家精神是早就潜藏的种子，只要环境合适，就会发芽，换句话说，企业来自企业家的"不安分"，这种"不安分"需要被允许和被激励。这样，这种"不安分"才能表现出来。

（5）规则建立起文明的底线。社会系统的本质是规则。社会系统的形态是由规则决定的。规则会消除一切不符合规则的东西，从而使得整个体系呈现出符合那种规则的形态和特征[①]。凡系统，必有其规则，或显性的，或隐性的。实际的规则还参与塑造人们的组织心理。要改变系统的性能、模式和运行状态，必然涉及对系统规则的改变。

不过，这里的"规则"特指关于企业社会系统的明确的规则设计。没

---

① 所以，企业最初的规则非常重要，它使企业走上不同的社会系统的发展之路。

有明确的、可保障执行的规则的社会，就只是一个自然状态的社会。"关系的缺失将导致邪恶的产生"，因此，需要通过明确的规则设计对抗人为的不确定性和人性中不好的一面，需要用规则建立起企业文明的底线[①]。

规则，包括企业要鼓励什么的规则和要排除什么的规则——比如有一家企业制定了关于"不诚信"的规则，包括：①对"不诚信"的定义——有"有预谋的损人利己的行为"发生；②规定只要有不诚信的行为发生，一律让他走人[②]。限制性规则是企业社会规则的重要组成部分。不能忽视人性中恶的一面，也不能低估了它[③]。寄希望于人主动向善，你可能会失望。相信人性而不是人品，相信一种有保障的制度安排而不是个人的承诺，是一个成熟管理者的基本素质。企业还应以明确的规则去除不良的潜规则和隐性规则。道德社会是要用反不道德的规则去建立的。

作为一个社会系统的生产力，与规则有关。组织中的个体必然需要处理与组织环境的关系，明确的、简单的关系显然更容易处理——规则的作用之一便是降低关系的复杂性。在一个规则明确的环境中，人们的思想也可以很单纯，在一个隐性规则和潜规则盛行的环境中，就需要绞尽脑汁研究人情世故。明确的规则设计给组织成员提供一种确定性，并有利于一种功能的形成；可以使组织成员不再因为权利和人际关系等问题耗费心力和扭曲行为模式——这些对企业而言，是实实在在的损耗。如果人们把大量时间花在人际关系负担和权谋之中，就不能花在价值创造性活动上。有保障的

---

① 这与"契约精神是现代文明的基石"是一个意思。

② 对于要杜绝的行为的处罚，不是遵循对等性原则，而是遵循目的性原则，或者说，相对于目的（杜绝）而言的对等性，而不是相对于其造成的实际损失的对等性。

③ 涉及对人的管理制度的设计，均需建立在"人就是人"的前提假设之上。人性本身亘古不变，但人性的表现与制度和环境有关。例如，英国人于19世纪60年代取得中国海关管理权，直到民国时期，中国海关长期保持一种清廉的传统，这得益于英国人赫德（Robert·Hart）设计的一套贪腐成本特别高的机制，核心有两条：独立的监察机制和人性化的薪酬体系。赫德说他不相信"人性本善"的说法，所以有必要最大限度地提升职员贪腐的风险和成本。

合理的社会规则可以降低合作成本，扩大人们参与社会事务的范围，提高人们参与社会事务的正向性，可以说，制度是"社会生产力"的构成。而且，牢固可靠的契约和公正合理的对待还可以使友谊经久不变；有稳定的预期，才会产生长期性行为。

同时，众所周知，开放型社会必定比封闭型社会更繁荣，因为它能调动起来的人的能量的规模是不一样的，也因为它对人才的吸引力是不一样的[①]。但开放型社会形态需要一种刚性的保障因素，否则，很容易受到人性的侵蚀。

在规则事实上缺失的情况下，社会会落入一种自然形成的权力之手。规则型社会，需要面对的是规则的问题；权力型社会，需要面对的是人性的问题。规则是可以优化和改进的，而人性不能。而且，权力型社会，被庸者统治的概率是很大的——因为真正的人才一般不会热衷于玩弄权力。从构建一个开放型的企业社会系统的角度看，规则除了是沉淀的管理知识之外，还是对抗和替代权力的手段。

唯规则型社会才有可能发展出更高级的社会形态。在良好的规则之下，每个主体都是有效的自我管理主体，他们可以自主地为达到自己的目的制定自己的计划，这有助于主体的发展和自我潜能的充分发挥。企业在创业和起步的时候，需要的是一种"强人际关系"，但到了一定阶段和规模，则需要向一种以"弱人际关系"（基于规则的人际关系）为主的模式转换，以及在"强人际关系"和"弱人际关系"模式之间取得某种平衡[②]——否则，由于"强人际关系"对"弱人际关系"的排斥性，将造成"弱人际关

---

① 人才流失是因为机会成本，在一个封闭型社会中，人才的发展空间是受限的，人才在这种系统中的机会成本更大，更可能流失，流向一个开放型社会——所以，我们看到有些国家的人才大量地流向了如美国等国家的现象。

② "强人际关系"是该被肯定还是被否定，不能一概而论。很多人总是习惯于简单地肯定或否定一个东西，这并不是对待事物的正确的和该有的态度。

5 最重要的还不是组织方法的问题

系"模式难以形成,出现诸如"山头"、小圈子和新人难以融入等问题,不利于企业的进一步发展和创新。

企业的社会系统的建设,同样靠设计和人为两种方式。其中,很大的一部分要通过人为的方式实现和形成,需要有人付出很大的心力。比如,两个人不可能一开始就相互信任,人们总是在共事的过程中逐渐产生信任。善意也是在交往过程中感受到的。信任或不信任,善意还是恶意,都是人为的一种结果。优衣库创始人柳井正说[①]:"建立牢固人际关系的第一步,就是作为领导者要以诚信为本,言行一致、始终如一;这一点非常重要,是任何时候都必须重视的。"再比如,在处理事务时,如果更关注各式的人际关系和个人的组织地位,而非公平和公正,那就是在破坏公平和公正。社会环境和组织心理的形成需要一个过程,反过来,社会系统的惯性也是很大的;企业社会系统的建设,不可能一蹴而就。

再比如,我们经常会遇到这样的情况:后来知道真相后,才发现,"哦,原来是这样,我们都误会(或错怪)他了",或者,"原来那只是他的性格特点,而不是他的态度"等。有时,我们自己的一个行为或一句话,经过别人的反馈,我们会发现别人理解的我们的意思根本就不是我们自己的那个意思。人与人之间,隔着心理的障碍和主观世界的障碍,每个人又都不同程度地戴着假面具行走,基于观察和一般框架而产生的对他人的判断有可能是误判,要想相互了解,就需要投入精力去进行了解(包括找到一些有效的方式),这是显而易见的。马斯克说:"我是真的认识生产线上的工人的,因为我在生产线工作过,我去那里巡查,我就睡在工厂,我和工人们一起工作,所以我对他们来说不是陌生人。"

至于企业文化,更是要靠事实而不是口号来塑造。正如有位企业家所说:就是靠我们自己潜移默化,实际上,说了半天还不如现身说法,这个

---

① 柳井正. 经营者养成笔记 [M]. 北京:机械工业出版社,2018.

是很重要的。史蒂夫·乔布斯在谈论皮克斯时说过：皮克斯让我最自豪的是什么呢？他们每部电影都会经历故事危机，制作组全体心急火燎地等，但是故事有问题，他们就叫停；他们必须停下，并保证讲好一个故事；约翰·拉塞特，皮克斯的创始人之一，他成功地向我们灌输了"故事为王"的文化。员工对所宣扬的企业文化信还是不信，是他自己的心理评价的结果，而事实更有可能通过这种评价（故事是历史上的事实，所以非常适用于企业文化建设）。

丹纳赫前任 CEO Larry 在位时，会每天在内部网就 kaizens（持续改善）写博客（全员都可以看到），例如："现在是晚上 9 点。Simms 本应在此时与我见面开会，但他没来。原因在于：Simms 和他的团队还在工厂，搬动设备。"CEO 如此言行，自然深入影响和推动丹纳赫商业系统（DBS）的施行和发展，甚至成为企业的灵魂和文化。[①]

萨提亚·纳德拉则说：微软的所有会议，最后我都不知不觉又落回到我们的使命和文化上，到目前为止，近五年一直都是这样。这对我来说无聊得不行，但我还是坚持这么做。保持稳定一致的重要性，最容易被低估。你身处这个位置，必须一直重复相同的话。

再比如海尔的张瑞敏通过砸冰箱的实际行动，给员工树立了"有缺陷的产品就是废品"的观念——1985 年，有一位用户向海尔反映：工厂生产的电冰箱质量有问题。随后，张瑞敏将库房中所剩的 400 多台冰箱全部检查了一遍，发现 76 台冰箱有质量问题。对于这 76 台质量有缺陷的冰箱，工厂内部研究认为，问题不大，可以把冰箱廉价处理给内部员工，作为工厂福利。当时一台冰箱 800 元，相当于一名职工两年的收入。但是张瑞敏指出："我要是允许把这 76 台冰箱卖了，就等于允许你们明天再生产 760 台这样的冰箱。"他宣布，76 台有问题的冰箱都需要砸掉，而且要制造冰箱的工人亲手

---

① 资料来源：互联网。

5 最重要的还不是组织方法的问题

来砸。随后张瑞敏亲自砸了第一锤,很多职工在砸冰箱的时候流下了眼泪。张瑞敏借此树立了一个观念——"有缺陷的产品就是废品"。

人际关系同样主要靠人为的方式维持和强化。Airbnb的CEO布莱恩·切斯基讲述:我们有一个原则,我们说好不会把正确性排在友谊之前。如果你太注重原则了,每次争论都想赢,那就会只见树木不见森林。也就是说,我们明白,只有当这个公司拥有一个完整且强大的创立团队时,它才能生存下来。也就意味着,我们三个中的任何一个都要时不时地做出妥协。所以,我们从来不会争论得太久,不会让争论的输赢影响我们之间的关系,我觉得这个方法很有效。

企业的社会系统的建设,也是需要发挥领导力的地方。领导者们是人际关系和企业文化等的主建者,他们应有建设的主动性,这是由他们在组织中的地位决定的。在最开始,企业1号人物的个人意志和偏好就是规则,或者说,是规则的最初的形式。黄仁勋说:"我认为,在公司成立之初,形成企业品格、企业文化的是人,是人的韧性。要知道,公司是由人组成的,不是由描述企业文化的文件组成的,也不是由刻在大楼上的核心价值观组成的,公司文化的核心是人。"

企业组织的社会系统本身的问题,我又称之为组织自性问题。从个人模式(Personal Mode,这里称之为P模式)转变为组织化的模式(P^{++}模式)时,在个人模式下不存在的问题出现了,这类问题就是组织自性问题(Self-nature problem)。自性问题,是指组织这种方式自带的问题,或者说,从个人模式转变为组织化的模式时随之而来的问题(如图5-2所示)。

解决组织自性问题的基本方向是建立共同体,包括事业共同体[①]、利益

[①] 同时,事业本身对人是有激励作用的。所以,山姆·阿尔特曼说:"对于团队来说,做一件真正重要的困难事情比做一件不重要的简单事情更容易,大胆的想法能够激励人们。"

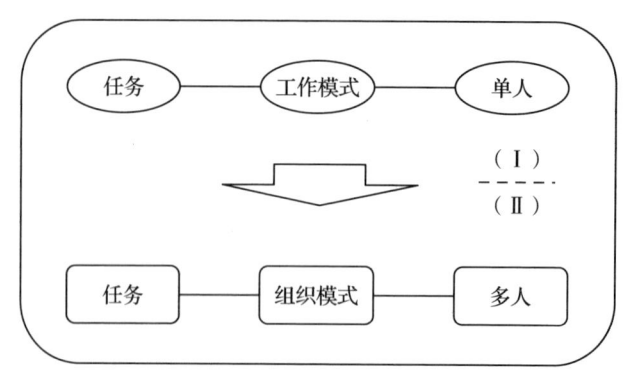

图 5-2　组织自性问题的产生

共同体和价值观共同体。参与企业，人们最为在乎的，一个是利益，一个是事业；而价值观不同，终将分道扬镳。利益冲突是一种有限冲突，只要达成利益上的平衡，冲突就结束了；而观念冲突是一种无限冲突。共同体心理，是一种看不见的规则，却非常管用。我们唯独不会对自己行使机会主义，不会面临来自自己的道德风险；不属于自己的事业，不关乎自己的利益，很难让人尽心尽力。建立起共同体，是系统改善的主观基础，包括形成良好的沟通与协助的意愿[①]。利益一致，才能有良好的人际关系，利益的一致性是良好人际关系的基础。

私有企业更具备构建这种共同体的条件和资源。企业是企业人最大的事业和利益，不拥有企业，则企业对企业人而言的事业和利益的含金量至少是大打折扣的。私有企业的企业主就是一个"事业体"和"利益体"，"共同体"是把它扩大了。一般来说，创业团队是一个事业共同体，随着企业的成功与扩大，那种共同体关系会面临挑战，并需要重塑。大型组织的共同体建设要比小型组织更难一些。

---

① 对人的管理的难点，也在"愿"上。

5　最重要的还不是组织方法的问题

日本企业的"家文化",指向的就是一种共同体模式①。每一个企业都是由不同的自愿在商业活动中互惠互利的利益相关者构成。我们要使其成为一个互惠互利的利益相关者群体。企业需要管控,但能实施有效管控的地方是十分有限的;管控还是一种成本极高的举措,应代之以建设共同体的方式。跨企业的合作,也存在类似的问题和类似的解决方式,但要简单一些,因为跨企业的合作问题还有它的基本解决方式:市场的方式。

马化腾说:"我们很重视人品,我们很坚持腾讯价值观的第一条——正直;不拉帮结派,不搞政治化,就是很坦诚,很简单,实事求是,一直坚持这样的做法的话,事情就会简单很多。"②扎克伯格说:"在经营一家公司近20年的过程中,很明显的一件事是,当你拥有一个有凝聚力的团队时,你几乎可以完成任何事情;而且你可以跑过超难的挑战,你可以做出艰难的决定,甚至努力去做最好的工作,并且把一些东西优化得非常好。"③

每个企业都希望自己是这种状态,包括最少的办公室政治和混乱、高涨的士气和高效率、优秀员工的低流失率,但这些不是凭空得来的。凝聚力和战斗力来自哪里?我们要问一问并实际解决这个问题。企业的"社会系统问题"还没被正视,还没有获得它在企业管理体系中该有的位置,这种情况需要被改变。社会系统的力量有很大一部分是无形的,却异常强大,因为它无时无处不在,正如地球的引力,它决定系统及其中每一个主体的主观和实际的能量状态。由于组织自性问题的原因,任何一个组织都

---

① 日本企业更具这种"共同体"特征,其成因包括日本政府于1939年和1940年先后颁布了《从业者雇入限制令》和《从业者移动防止令》,以及日本企业的"家文化"等。这种"共同体"也是实现"精益管理"的一个前提(所以,中国企业在引入精益管理上并不是很成功);在共同体模式下,每个人都会安下心来积累和不断提升自己的工作技能(精益管理下的改进应该是指一种有质量的改进),并更具贡献意识——精益管理需要每位员工的自主参与。精益管理的关键并不在于那些形式和方法。

②③ 资料来源:互联网。

不能达到它的潜能的上限；而且，一般规模越大、层级越多、越僵化，以及官僚化越严重，距潜能上限越远。

社会系统是作为功能体的组织（广义的组织）的构成，是作为一种方法的组织（狭义的组织，如所谓的直线制、直线职能制、事业部制、矩阵制、平台化组织模式等）运行的环境和基础。组织的适用性和功能，要连同它所在的或属于它的那个社会系统的情况一并考察。关于组织的问题，最重要的（对组织功能影响最大的和对组织功能而言最为关键的）、最复杂的和最难解决的不是组织方法的问题，而是组织的社会系统的问题[①]。组织方法的问题，是一个简单的问题。而且，在企业社会系统良好的情况下，组织方法的问题就更加没有那么重要了；相反，我们倒是要注意，不要让组织结构图妨碍了人们的高效合作。麦克奈特时代，一位3M主管甚至用更强烈的措辞说过："组织结构上的形式与我们根本不相干"。艾尔弗雷德·P·斯隆在《我在通用汽车的岁月》中也说过：负责组织管理及权力分配的人比组织结构本身更重要；即使在一个分权的组织中，他们也可能将组织转变为集权性质，甚至是独裁性质的组织。

5.3　正确理解组织

当任务超出个人能力和个人模式的边界时，对组织的需要就产生了。组织源于我们对更强大的功能的需求。我们需要以组织的方式去应对更大、更复杂、更艰巨的任务和挑战。组织是个人模式的升级版。正如埃隆·马斯克所说："你要有能力将很多人才聚在一起与你共同工作，共同创造一些什么，因为如果是一项重大的技术，那么靠一个人单打独斗做成非常困难。"

[①] 所以，同理心也日益被企业所强调。同理心，即正确理解他人需求的能力。其中，对内的同理心是建设企业社会系统所必需的，对外的同理心是与客户建立有效关系所必需的。

5 最重要的还不是组织方法的问题

组织管理的第一项职能是建立任务[①]工作体系（包括工作模式），确保任务的实现，以及组织对任务而言的有效性，如图 5-3 所示。多任务企业的组织设计，是企业作为一个任务集或任务群的组织设计。

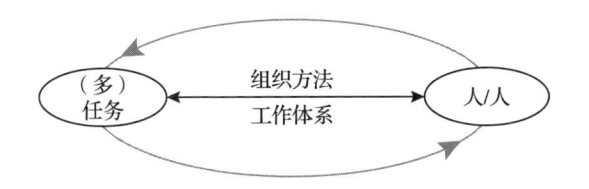

图 5-3　组织管理的第一项职能

组织管理的第二项职能是解决人力资源的问题和组织功效的问题，如图 5-4 所示。功效，即功能和效率；效率，又包括单任务效率和多任务的综合效率（或者说，企业整个组织系统的效率）。功效，来自组织方法、机制和企业的社会系统。功效管理的目的是，达到最大的可能性和效率的上限，如最高的人均产出与贡献。

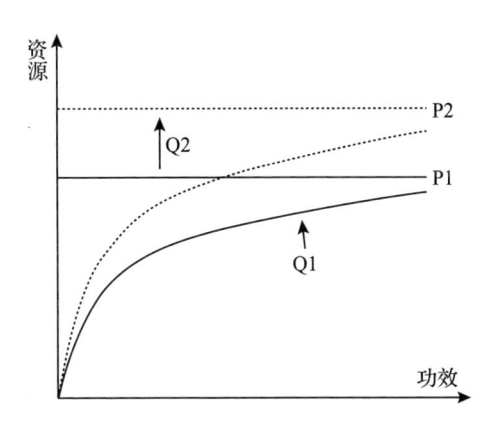

图 5-4　组织管理的第二项职能

[①] 任务，可能是明确的任务，也可能是不太明确的任务（如发展和创新性任务）。任务本身的确定和管理，不属于组织管理的范畴。

建立任务工作体系的首要问题，是人与任务的匹配性问题，尤其是任务领导者[1]与任务的匹配性问题。传记作者沃尔特·艾萨克森讲述：马斯克的一个独特的管理方法是——他自己称为"超级会议"，举个例子，当时，星舰的猛禽发动机开发进展不顺利，他把团队负责人赶走了，用了几个月的时间与团队开超级会议。所谓超级会议，就是不和团队负责人直接交流，而是和他们的下一级对话。整个过程十分艰难，对于马斯克来说就更难，他要向每个人了解情况。我记得有个叫雅各布的男孩，马斯克问一个问题，他就回答一个问题，回答得非常直接、简洁。马斯克说："后来我大概凌晨给他打电话，我说你还在公司？"雅各布说："对，我还没下班。"马斯克说："现在你就是团队负责人了，负责建造猛禽发动机。"

还如马化腾所说[2]：公司很多人是做研发出身，业务和推广不在行，逼迫他提高也不现实；因此在内部挑选，很可能选出来的人在业界算不上最好的，所以要在团队上做些补偿，尤其是进入需要强力市场推广的阶段；要让他去找很强的副手，内部找不到，就去外面挖。

组织设计需是任务导向的，并适应企业人力资源的特点。组织方法（包括机制）是加持——用一种数学的语言来说就是：任务和人力资源是自变量，组织方法是因变量。组织方法和机制设计的目的是提高工作体系相对于任务而言的有效性和效率。应该是根据任务与人力资源情况进行组织方法与机制的设计，而不是反过来，按照某种模式去进行任务的组织。组织方法和机制统称组织模式。组织模式可以理解为关于任务的组织工艺；组织创新就是找到一种新的更好的工艺。

无论什么任务，都要调动起人的能量来完成，组织模式设计，就是找

---

[1] 领导力是难以被教出来或训练出来的，所以，正确的做法不是把某些人培训成领导者，而是让有领导能力的人成为领导者。"无能的领导者"现象是一个人为制造出来的错误，因为，原本就不应该让"无能"的人成为"领导者"。

[2] 资料来源：互联网。

5　最重要的还不是组织方法的问题

到一种最有效的分工与合作方式，达到效率的上限。利用组织这种方式，我们到底是在利用什么？毫无疑问，是以组织的方式利用人的某种努力和创造力，组织是我们利用这种努力和创造力的"组织"方式。组织设计，需要融入人的角度和主体特征。同时，主体（如部门）之间配合或不配合，主要还是因为权利结构使然，任务的完成需要有一种正式的组织设计上的保障，这是解决整个问题的基础性部分——我们不能把希望完全寄托在那种不确定的东西（比如完全靠人的自觉和自律）之上。

实践中，企业的任务总是有一定的重复性，当任务重复进行时，不需要每次对执行任务的组织进行重新设计，看起来像是按照某种组织模式进行任务的组织——这是一种错觉，且会导致企业组织上的变化跟不上任务的变化，当偏差累积到一定程度，则表现出需要组织变革。当然，并不追求每一次都重新设计一遍，因为那意味着组织成本的增加。所以，应提高组织方法设计的基模性，以使得一种结构特征可以复用；另一方面，合理减少任务种类，以提高组织方法的可复用率。系统结构与功能之间有一种对应关系，如奈飞发现的"提高人才密度＋提高坦诚度＋取消管控"与极高绩效之间的关系。组织管理研究的一项任务就是弄清楚这种"结构—功能"关系。

人力资源问题，是组织设计要解决的另一个问题。要发挥组织的"集成"功能，实现对更广泛的社会人力资源的集成使用；要创造新的企业与个人的连接（或者说，集成）方式，以及以多元方式扩大企业可以使用的社会人力资源的范围与规模。之前的组织，都是在企业边界内的组织，突破企业的边界，可以增大组织功能和组织创新上的一个理论上的空间。雇佣制模式只是关系模式之一。需要进一步解锁组织对人力资源的"集成"使用功能，创新集成方式，使得不同身份的人员以不同的方式为组织做出有价值的贡献。组织即集成，以"集成"的眼光看待组织边界的突破问题，就不会再有思想上的障碍了。企业的本体是它的精神实体，而不是物质实体；它本不该有物理性边界；物理性边界的存在，是由于我们的思想惯性和管理能力不足的原因。社会是企业的共用资源池，企业要有能力利用它——组织方法亦是利用它的方法。对社会资源的使用主要取决于两个因素：一个是企业的价值引力，另一个是集成方法。

所以，"组织"有两层涵义：一个是指组织方法与机制；另一个是指功能体，如图5-5所示。在概念上，不能把组织与作为主体的企业混同，否则，会使得组织因内涵过于宽泛而失去其作为共同语言和一个专属概念的价值，会使得我们对组织问题的讨论失去边界和难以有效。如果把组织的内涵扩大到等同于企业，则可以把关于企业的任何问题都放在组织的题目下讨论，这会使得关于组织的可讨论的内容显得非常丰富，以及使得组织问题显得非常重要，但这是一个误区，是一种因概念混乱而导致的景象。很多争议其实产生于人们对一些概念的理解各不相同——所以，有必要对"组织"进行概念上的澄清。

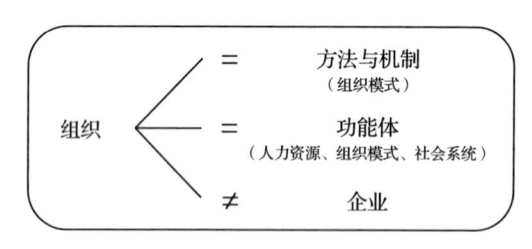

```
           ┌─  =  方法与机制
           │       （组织模式）
    组织 ──┼─  =  功能体
           │       （人力资源、组织模式、社会系统）
           └─  ≠  企业
```

图 5-5　组织的涵义

个体实践方式 6

6.1 企业都是以个体的方式发生的

每个企业都不相同，或者说，每个企业都是以个体的方式发生的，这是事实。卓越企业更是个体实践方式的典范，它们都卓尔不群，如松下电器早期"质优价廉"的经营方针、丹纳赫的丹纳赫商业系统（Danaher Business System，DBS）和亚马逊的经营飞轮模式（如图6-1所示）、3M公司的"抽枝剪枝"创新发展模式、戴尔公司开创的电脑直销模式、苹果公司的软硬件一体化打造极致体验的经营模式、微软和英特尔的Wintel联盟模式、北欧航空公司前总裁詹·卡尔森创造的"关键时刻"理念和管理体系、追求"相对价值"的丰田模式[1]和追求"绝对价值"的本田模式、沃尔玛的"天天平价"模式、谷歌公司"和工程师谈谈"的运作模式、ZARA的"快模式"、当年惠普公司的惠普之道模式、高通的专利授权模式、ASML的开放式创新模式、星巴克的第三空间的定位[2]、台积电的芯片代工模式、亨利·福特当年"让每一个美国人都买得起车"的经营理念、奈飞

---

[1] 丰田公司在产品开发过程中时常以竞争对手为"长椅标准"，聚齐各种车型，实施先行于其他公司的战略，进而从整体上提高效益。——摘自：野中郁次郎，胜见明.创新的本质[M].林中鹏，谢群，译.北京：知识产权出版社，2006.

[2] 在20世纪70年代，星巴克只是一家倒卖咖啡豆的小公司，霍华德入主后坚持将星巴克门店打造成"第三空间"，让顾客在家和办公室之外能有一个既轻松休闲又能进行商务办公的空间。

公司的流媒体模式、维珍的廉价航空模式、沃伦·巴菲特和伯克希尔·哈撒韦公司的价值投资理念、郭士纳时代的 IBM 和杰克·韦尔奇时代 GE 的向服务型业务模式转型、约翰·钱伯斯时期思科的"并购、自研、联盟"的创新发展模式等。

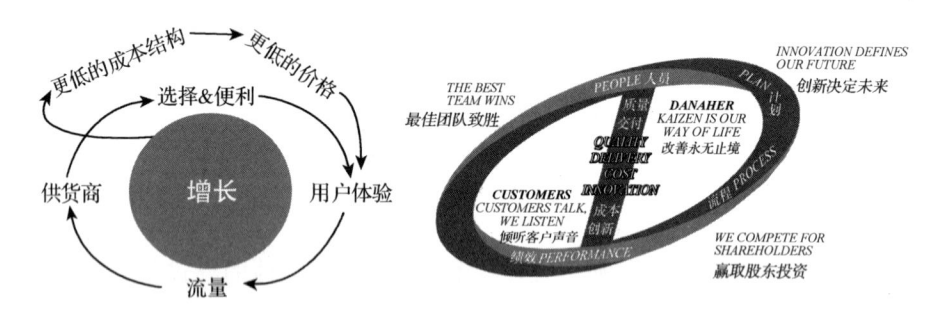

图 6-1 亚马逊的经营飞轮模式和丹纳赫商业系统（DBS）

图片来源：互联网

再如 LVMH 集团总裁贝尔纳·阿尔诺说：我总是说路易威登不需要营销，因为它的目的和我们背道而驰……我们恰恰相反，我们先推出产品，即便有时会失败。但成功推出产品后，顾客会随之而来。市场营销不是为了我们自己，而是为了产品创新。

很多企业之间，即便没有大的不同，也总是会有许多细小的差别——内容上的或模式上的，完全相同的企业是不存在的。最有效的经营是经营自己的个性、个体的力量和那些属于自己的商业机会[①]，这也是合乎逻辑的。

---

① 包括结构性机会，例如有一位中国企业家在介绍他们企业时说：我们所从事的行业，从我们开始创业成立的那一天起，基本上有个战略，我们就干一些大厂懒得干、小厂干不了的事情，我们在夹缝里面求生存，所以我们干的这些行业都不是大行业，干个五六年、七八年就干到头了，那必须有第二曲线，再找个这样的，我们找那些不大不小的，门槛也不是那么轻而易举的。再例如，在尚不具备科技原创能力，以及科技产业向生态模式演进的背景下，中国企业以"科技组装公司""科技应用公司""科技代工公司"的模式参与到全球科技产业的发展中，利用一种结构性机会搭乘科技产业发展的列车，并涌现出一大批发展得还不错的企业。

每个企业都有适合自己的经营"公式"。

6.2 是必然也是应然

先来看看一些企业家的个人故事。史蒂夫·乔布斯六七岁的时候，街对面的一个女孩的一句话像闪电一样击中了他："这是不是说明你的亲生父母不要你了？"乔布斯大哭起来，跑回家问父母。他的父母很严肃地盯着他的眼睛，一字一顿地说："不是这样的，我们是特别挑中了你。"但是被遗弃、被选择、很特别，这些概念仍然成为乔布斯的一部分，也影响了他对自己的看法。

乔布斯是在雅达利公司上夜班期间意识到追求简洁的价值的——雅达利从来不在出版的游戏中提供操作手册，所以他们的游戏系统必须简化到任何初学者都能立即掌握，雅达利出品的游戏《星际迷航》只有两条提示：① 投币，② 躲避克林冈人。

乔布斯也是20世纪60年代晚期三藩市湾区两股巨大的社会运动的产物：第一股是嬉皮士和反战积极分子的反文化，它的特征是迷幻药、摇滚乐和反威权主义；第二股是硅谷的高科技和黑客文化，由这些人领衔——工程师、极客、电流脑、黑客、网络庞克、兴趣泛滥者和车库创业者。在此之上的是个人启灵的不同路径——禅和印度教，冥想和瑜伽，尖叫疗法和感觉剥夺法，以及 Esalen 社区。即使后来苹果变成了大企业，乔布斯还是在苹果广告中展现出他的反叛和反文化的一面，就好像宣告他还是一名黑客和嬉皮士。他回到苹果后参与了"Think Different"广告的文案创作，他说："当有些人把他们当作疯子时，我们看到了天才。因为那些疯狂到认为自己能改变世界的人就正是那些改变了世界的人。"[1]

---

[1] 资料来源：互联网。

乔布斯曾说："我小时候一直认为我是人文型的，只不过我喜欢电子产品。然后我读到了一篇我的英雄之一——Polaroid（宝丽来公司）的 Edwin Land 的文章，他强调了站在人文和科学的交叉点的人的重要作用，我确定那就是我想做的。"

而黄仁勋高中时成绩优异，他参加了学校的数学、计算机和科学俱乐部，跳了两级，16 岁就毕业了。他喜欢视频游戏。在奥奈达的时光（肯塔基州的奥奈达浸信会学校）培养了他的韧性——"那时，没有辅导员可以倾诉。"黄仁勋说，"你只需坚强起来，继续前进。"有人评价他说：黄是一个耐心的垄断者；有着实用主义的思想，不喜欢投机取巧，也从未读过科幻小说；他从第一性原理出发，推断微芯片今天能做什么，然后坚定地赌一把它们明天能做什么。

埃隆·马斯克的父母结婚后，父亲埃罗动辄就要对母亲梅耶拳脚相向，对三个孩子也是体罚加语言暴力，经常因为一点小错而罚站，伴随着父亲埃罗的暴怒狂吼一站就是几个小时，不准喝水、不准吃饭，更不准动。父亲的语言羞辱给年幼时的马斯克留下了很深的心理阴影，即使成年后也无法摆脱，他对痛苦的阈值变得非常高，他的情绪会在激情四射和麻木冷漠中循环往复，偶尔还会陷入类似双重人格的"恶魔模式"。

或许会像有人分析的那样，这种命运的悲歌让人产生强烈的孤独感，他们开始重新审视人类的内在精神，关注道德和良知，他们迫切地要找到一种新的信仰，这种信仰更加注重精神和道德，更加具有良知和尊重自己的同类。[①]

微软 CEO 萨提亚·纳德拉说：我的父母对我今天的成就功不可没。我父亲是一名公务员，也是经济学家，我母亲是一名梵语教师，所以，他们在

[①] 纯粹的技术性和理性并不能造就一家卓越企业，还要有某种精神性力量的参与；纯粹的技术性和理性难免空洞和缺乏生命力。

6　个体实践方式

某种程度上是相互对立的，他们在任何事情上都无法取得一致。但坦诚地说，他们给了我很大的自由，给了我大量信心，让我成为我自己，追求我喜欢的东西。我当时专注于板球运动，在学业上不是太出色。生活在印度的中产阶级家庭，这有时是一种挑战。但我记得有趣的事情之一是美国的科技，我第一次使用电脑的时候，软件的可塑性让我着迷，我想说，我是那种找到了自己所热爱的东西的人，并认定那就是我的未来，它就在那里，是潜意识的。

臭鼬工厂的创办人凯利·约翰逊，1910年出生于美国密歇根州伊什伯明市，在家里的九个孩子中排行老七，父亲是瑞典移民，母亲靠为他人浆洗衣服为生，幼年时家境贫寒。不过受到身为木匠和泥瓦匠的父亲的影响，凯利从小就对工程非常感兴趣，当时距莱特兄弟试飞第一架飞机已经过去十多年时间，飞机的魔力深深吸引着这位少年。在13岁时，凯利就凭借自己设计的飞机模型获得了学校举办的飞机设计大赛一等奖，这时他已经立志要成为一名飞机设计师。其自传《我是怎样设计飞机的》一书中曾提到："其实我在13岁的时候就已经知道这辈子要干什么了！"[1]

迪士尼前CEO罗伯特·艾格说：我父亲有严重的抑郁症和狂躁症，他的情绪波动很大，我不得不学会处理这个情况，也许这就是我无畏精神的来源。我能在房间里，通过他下楼的脚步声来判断他的心情好不好。要是我听到坏情绪的声音时，我得有心理建设，让自己做好准备。这听起来像是给我留下了严重的创伤。实际上，他是一个非常可靠，很爱我的父亲，我从他身上学到了很多。而我也确实因为这段经历，整个人变得更加无畏了。

迪奥创始人的故事[2]：出生于1905年1月21日的克里斯汀·迪奥（Christian Dior），从小在法国北方诺曼底海边的美丽海滨度假城市Granville长大。他的家庭在当时属于显赫的上流社会世家，父亲靠着化肥生意成

---

[1][2] 资料来源：互联网。

为一名成功富有的商人。迪奥在家里五个孩子中排行老二，虽然家境富裕，但其父母对孩子的管教却毫不懈怠。孩提时代的迪奥对自然与花草有着非常特殊的喜好与兴趣。甚至成年之后，迪奥最喜欢的休闲活动就是卷起衣袖，拿着锄铲在花园内种花除草。他母亲所一手照料的美丽私家花园在当时享誉远近，迪奥家的花园至今仍是 Granville 城市里一个知名的观光景点。

迪奥爱花的特性也在他的作品中不断出现，例如他在 1947 年的第一回新装发表会就命名为 "Flower Women"（花样仕女），他的许多服饰细节与刺绣设计亦用花朵的外形或色泽来作为灵感的来源。在法国，为了赞誉迪奥对园艺的热爱，还有一种玫瑰花以他的名字为花名，这种名为 "Miss Dior" 的玫瑰花，亦是他在 1947 年所推出的第一款品牌香水的名称。

迪奥毕生对艺术的热爱与追求亦是不遗余力。从小就喜好绘画的他，经常描绘一些市集景象，尤其是 Granville 每年一度的嘉年华会游行队伍中的马车、花簇及精心装扮的游客。1910 年，迪奥跟着家人迁徙到巴黎，而他与母亲的关系日渐亲密，由于他俩同样钟爱美丽的事物，所以迪奥经常陪着母亲一同试穿选购新装。不过和多数人一样，迪奥的父母认为像他们如此显赫的家庭的孩子，应该有一份体面正经的工作，而不是整日沉迷于艺术与花卉中。所以当迪奥高中毕业后，提出希望进入艺术学院深造时，立刻遭到父母的断然拒绝。注重家庭的他，为了尊崇父母期盼他成为外交官的心愿，于 1923 年进入巴黎政治学院（Ecole des Sciences Politiques）就学。但同时迪奥也与家人相互妥协，在课余时间继续学习自己喜欢的艺术与音乐课程。

在求学过程中，迪奥开始接触当时巴黎最时髦、最前卫的新鲜事物，如来自俄国的芭蕾和抽象派画家让·考科多（Jean Cocteau）等的作品。他还遇到一群与自己志同道合的朋友，而这些人以后在各自的领域，亦都成了知名的佼佼者，如达达主义艺术大师达利（Dali）、抽象派大师毕加索（Picasso）、音乐家亨利·索格（Henri Sauguet）、作曲家莫里斯·萨奇

（Maurice Sachs）等。由于他将所有的时间与精力都花在音乐与艺术上，使得巴黎政治学院不得不对他提出严重警告。

1927年服完兵役后，迪奥的父亲实在抵不过他对艺术的热爱与付出，决定出资帮他开一家画廊，不过前提就是不准以家族的名字为画廊的名称，于是这家叫Galerie Jacques Bonjean的画廊终于开张，并且如迪奥所愿，画廊展出Picasso、Matisse、Dali与Berard等20世纪现代艺术大师的作品。

1931年，迪奥的父亲经商失败，宣告破产，于是他的画廊也随之关闭，而他最敬爱、最亲近的母亲也不幸去世。在如此沉重的打击下，迪奥无忧无虑的富裕青年时代从此宣告结束。他开始了居无定所、食不果腹的艰苦凄惨生活。不过迪奥并没有因而失去对生活的热忱与信心，他拿起画笔在一位做裁缝的朋友那里觅得一份画素描与纸样的工作，这虽是一份不起眼的工作，却成了他日后辉煌生涯的起点。迪奥曾先后在巴黎服装设计师Robert Piquet与Lucien Lelong门下担任助理，学习制作高级订制服装的艰深技艺。第二次世界大战期间，巴黎投降了。迪奥被迫帮德国纳粹军官们的夫人设计服装。

大战结束后，迪奥巧遇商业大亨Marcel Boussac，当时这位有钱人正在物色一位设计师来共同合作进军时尚事业。两人一拍即合，于是1946年，拥有85位员工与投入6000万法郎资金的第一家Christian Dior店，于巴黎最优雅尊贵的蒙田大道（Avenue Montaigne）正式创立，全店装潢以迪奥最爱的灰白两色与法国路易十六风格为主。

可以看到，每个人创立的企业和品牌，都与他/她的个人特点高度接近和相像。一个东西的产生，与技术有关，与规律有关，但终究与对它的设计有关，归根到底是与它的开发和设计者有关。乔布斯在被问到"你怎么知道哪个方向是正确的"时说：最终还是取决于"品位"。以微信这个产品为例，当时国内有多家互联网企业都在做类似的产品，即便在腾讯公司内部，也有几个小组同时在做，但张小龙领导的团队做出的产品就是张小龙的"品位"的样子，而且，可以猜想得到的是，其他团队的设计与张小龙团队的设计肯定是有很大的不同的。有些事业，就只属于某个人。iPod 和 iPhone 只可能出自乔布斯之手，而不可能出自任何其他人之手。站在一些事物的起点上可以看到，它们与它们的创造者之间是高度相关的。主观世界的不同制造了人与人之间最大的不同，进而使他们创造的世界不同。①

　　企业是人创造的，我们可以把对企业异同问题的考察，还原为对人的异同问题的考察。人的主观世界参与了企业这一过程，它看不见、摸不着，却实实在在地存在并发挥作用。企业的价值特色与企业家的主观特色之间有一种对应关系：主观特色 ↔ 价值特色。任何一家企业都有其前传，这个前传就是创造它的人之前的人生。企业是企业家的生命的一部分，是企业家的另一种人生和生命形式。企业家各不相同，那作为结果的企业必定各不相同。我们需要把对企业的理解前推到对创造它的人，甚至影响人的社会的理解——这样，对企业的理解才会更真实、更深透。

　　不同的天赋和不同的经历，造就每个人不同的主观世界；在他们作为一个执行主体的时候，这种不同也许并不会对结果造成多大的影响，但当他们作为一个创造主体和塑造者的时候，这种不同必然带来结果的不同。强烈的个性是一种力量。每一个卓越企业的背后，都有一个独特的灵魂。然而，那些极具个性的东西是学不来的，它是天赋和某种经历的结果，换

---

① 很多人可能听过这样一个故事：1980 年，古巴政府将 15 万囚犯、精神病患者、妓女和异己分子等通过马里埃尔港一次性送到美国的迈阿密，使阿密从一个默默无闻的小地方发展成为具有世界影响力的超级大都市，美国佛罗里达州第二大城市，全球第五大富裕城市，以及有着"中南美贸易金融之都"之称的城市。这些被古巴政府认为是"废物"和"人渣"的人，如果站在主观世界的维度上看，他们显然又是一群见识、智力和意志等都远超常人的人，是"人才"级的人——对于迈阿密的兴起，我认为制度的原因只解释了一半，还有一半是那群人的主观世界的不同。

6　个体实践方式

句话说,有些东西是学不来的,它只能通过天赋和一种经历而获得。

不是因为非要在意一个人的天赋和独特的经历,而是因为这些塑造了他的主观世界(包括个人追求、品位和看问题的视角等),进而参与了他对事物的创造与塑造——这是无法更改的[①]。再举个更能够直接说明这一点的例子:从1776年建国到20世纪初,美国药品生产销售领域的法律一片空白,庸医和假冒伪劣药品泛滥成灾;作为一名曾经的药剂师和美国内战的退伍军人,礼来上校在战场上一手组建的156人的炮兵连,还没有战斗就因疾病死去30人的经历,让他痛心疾首。他决定开一家药店,但鱼龙混杂的药剂市场,让军人作风的他非常恼火,为什么不能有一家药剂公司只生产高品质的药品,利用最先进的技术,只生产需要正规医生开处方的药品,跟那些江湖骗子彻底划清界限!1876年,礼来上校在印第安纳波利斯市创立了礼来公司,作为一个家族公司,礼来将军只有1400美元和自己、儿子Josiah及一个装瓶工共3位员工,但他对公司的管理却毫不松懈,他定下了"先树人,再造药"的信念,确保自己的公司永远不会跟市场上唯利是图的企业同流合污,礼来的文化价值观也开始慢慢萌芽生长。创造者的主观与能量态参与决定企业的历史和进程,换句话说,企业的形态与进程和它的(主要)参与者的主观态有关。就像索罗斯所说:"参与者的偏向是理解有思维参与者介入的所有历史过程的关键,就像遗传和变异是生物进化的关键一样。"[②]

正如个体差异理论(Individual Difference Theory)所昭示的那样,每个人都是独一无二的,都有自己独特的行为特征和个性,不能将每个人处理

[①] 伴随着时间的推移和经历的增加,每个人的意识结构中会形成许多特定的程序。每个人的原始意识和后天的意识发展都是不同的,形成程序和主观世界也不同。在遇到事件的时候,这些程序会被瞬间激发启动。它以自身的特性为蓝本,对环境做出反应,就如同巴甫洛夫的狗一样。这个过程是自动的,人几乎无法控制。

[②] 乔治·索罗斯.金融炼金术[M].孙忠,侯纯,译.海口:海南出版社,2016.

得太相同。企业是人创造的，自然也不能将每个企业处理得太相同，而且，事实上，也无法和不应该将每个企业处理得太相同——这种非同质化与商业世界的现实也并不冲突，商业世界的一个真相就是它有无限个（可能的）维度。世界的丰富性和繁荣，也正来自每个主体以他自己的方式做出贡献。个体实践方式，指向的是一种开放性实践和创造性实践，这是人类实践的本来状态，是人类社会发展的基本方式。企业，也是社会对企业家资源加以利用的一种方式；这种企业家资源主要不是指他们之间的同质的部分，而是指各自独特的天赋与才能部分——独特的天赋和才能，才能带来商业世界的拓展，这是商业世界始终具有发展潜力的致使性力量[1]。

在人和社会系统中存在着暗物质和暗能量一类的东西的，比如人的意识、观念和精神，这些是看不见的，却构成一个框架并拥有强大的塑造力；没有谁可以走出自己的这个框架和主观能量的范围，或者说，没有谁可以在自己的这个框架和主观能量态的范围之外取得成功。"内能"，是每个主体的事业的基础。做企业不能跟着别人跑，那样只会是白忙一场。正如谷歌 CEO 桑达·皮查伊所说：做你内心产生共鸣的事，你有感觉的事，你做喜欢的事的时候，你的心是有感应的，所以努力去找到你真正喜欢的事，之后用尽全力去做好它，这是你能掌控的。

回归自我，才能使自我的天赋和能量发挥到最大。人只能在真正个人化的生活中达到自由。自由的生活可以释放出我们内心最崇高的冲动、最优秀的能力。高品质的独特性即卓越。没有个性和自我的企业家，也很难创立一家卓越企业。山姆·阿尔特曼说：那些真正取得成功的人，他们做

---

[1] 就像黄仁勋所说：刚成立 NVIDIA 时，我们是年轻又天真的理想主义者，我们初生牛犊不怕虎，我们不知道在这个行业里和 NVIDIA 的成长中前路会是这样的艰辛。我们只是畅想，如果电脑能像我们想象得那样运行该有多美好！我们天真无邪的视角没有受到传统智慧的束缚，让我们看到了其他 30 家、40 家、50 家公司不能看到，也没有看到的商机。时至今日，我们仍以同样的天真去挑战更多不可能，这是送给各位的第三个祝愿——像孩子一样看世界，天真且无畏。

决定只遵从自己的内心，绝不会因外界的声音轻易动摇。一个没有个性和自我的品位的主体，是不可能出众的，因为他就是庸众的一员。

走向自我，才可能发挥好自己。你越往上走，就越需要真实和人性化。就像优步（Uber）首席执行官达拉·科斯罗萨西所说："最终，你必须做最真实的自己，只有真实地展现自己，你才能在组织内实现真正的变革。"①同时，从自己内心长出来的东西，自己最懂它，也最有可能经营好它。这种内心世界的必要，还在于可以抵抗外在世界的不合理；那种企业的韧性，本质上是企业人的内心世界的韧性。

黄仁勋说：做你命中注定要做的事，无论是符合你的性格特点的，还是你的专业知识，或者你周围的人、你的能力、你观察事物的角度所决定的等，总之，是你命中注定要做的事。你最好非常享受，否则整个过程太痛苦了，你会受不了的。

如果你从一开始就想着效仿别人，那你从一开始就走偏了。别人是无法被效仿的，因为你不是别人。企业是企业人的主观能量态的外化，追求不属于或超出自己的主观能量态的东西，缺乏相应的实现条件的支持。模仿别人，必将带来对自我的扭曲。卓越企业来自企业家的天赋和个性的实现，而不是模仿。经营企业如同经营人生，不应该去学做这个学做那个，而应该去做自己，因为也理应如此。人，终究是要回到自我上才会有所成就，企业亦是如此。你根本不擅长的东西，你选择了又能如何？

从那些明星公司走出过那么多人，或创业或加入其他公司，但我们从未看到有谁复制出一家原来的公司。你复制不了苹果（公司），也不应想着去复制苹果；同理，如果苹果当年想着去复制IBM等，那也就不会有苹果。如果都是跟随别人，也就不会有从福特汽车到英伟达（NVIDIA）等那

---

① 资料来源：互联网。

一众的卓越公司出现。

从竞争的角度来说，每个主体都有它的天赋，在自己不擅长的领域，再努力也竞争不过别人，也达不到别人的层次。必须尊重人与人之间的差异，以及接受企业与企业之间的差异性——再说，这种差异性并不是一件坏事——我们还必须与他人竞争，这也意味着我们最好是有所不同。竞争是一种塑造差异化而不是同质化的力量。竞争力资源必然各不相同，否则，就不构成竞争力资源。

而且，还如彼得·帝尔所说：竞争是失败者的比赛……竞争确实会让你在特定领域里表现更好，因为在竞争的过程中，你会和周围的人进行比较，你会想办法击败他们，想办法把同一件事情做得更好，你确实会在那个领域变得更好……但这样做往往要付出巨大的代价：你不再关注什么才是真正重要的和有价值的。

过程性资产使得企业进一步地被绑定在个体实践方式的路径上。例如2023年6月6日，在苹果全球开发者大会上，苹果工业设计副总裁 Richard Howarth 讲述了 Vision Pro 头显的创新设计之处："Apple Vision Pro 头显这款产品融合了我们几十年的产品设计经验。高性能如 Mac，移动性如 iPhone，可穿戴性如 Apple Watch，所有经验加在一起，催生了这款充满雄心壮志的产品。"这里的"几十年的产品设计经验"就是苹果后天形成的能量态，即在过程中形成的特殊资源和能力，我又称之为"过程性资产"。

过程性资产使企业开发出只有自己才能开发出的业务，如特斯拉的车险，已经在美国部分州上市：保险一车一价，会根据客户的驾驶习惯来判定他的保险价格，如果他开车平稳，严格遵守交通规则，那他的保费就便宜；如果他是个急性子，猛踩油门急刹车，那他的保费就贵，因为系统会根据驾驶员的安全分来评判保费。特斯拉还会推出按月付费，例如客户这两个月不怎么开车，或者出差旅行，那客户可以完全不用交这保费了，算下来整体比其他保险便宜 1/3 左右——显而易见，特斯拉之所以可以这样做保险，是因为它可以采集到客户的行车数据。

再比如苹果和腾讯公司可以很容易地开展移动支付业务，因为它们积累了大量的移动用户，并已经搭建起了移动支付所需通道（如苹果的手机和腾讯的微信）。事物是演进的，因为有了第一，才会有第二、第三，强行构建是很难实现的。

每个企业的种因都不相同，企业应像大自然中的花草，是"各自"绽放的。正如在自然界多样性网络中，每个生命找到自己独特的位置。即便是模仿，也要发展出自我的特色，如日本的汽车、机床等企业，都是后加入者，但都创造出了自己的独特优势。

彼得·蒂尔说：如果PPT里充斥着大量流行词，这是个危险信号。黄仁勋说：如果我们要成功地创建一个行业，那么这个行业的动态肯定不同于其他行业；我们总是从第一性原理出发思考，而不是通过阅读别人的商业书籍或商业计划，或者参考其他行业、引进他们的思想。

向卓越企业（家）学习，就是不直接模仿它们（模仿是形式上的，形式不等于实质，并带有时空维度[①]）。彼得·蒂尔说：我认为商业中的历史性时刻、科技史上的里程碑时刻只发生一次，下一个马克·扎克伯格不会创建社交网站，下一个拉里·佩奇不会创建一个搜索引擎，下一个比尔·盖茨不会创建一家操作系统公司，如果你在某种程度上模仿这些人，你并没有真正学习他们。

苹果公司CEO库克在斯坦福大学毕业典礼上的演讲中说：当尘埃落定，我完全懂得了，我必须尽我所能成为最好的那个自己；我懂得，如果你每天起床后只能根据别人的期望和要求来制定你全天的时间计划，这迟早会让你崩溃。

企业应符合企业（家）自我的内在追求。正如黑塞所说：只有当你的

[①] 抽象，即从一个三维世界的存在中抽离出其属于四维世界的那个精神实质。

愿望发自内心，强大到深入骨髓，你才能真正渴望并去实现它；一旦是这种情况，你遵从内心的诉求进行尝试，就会顺利得多，你就可以得心应手地驾驭你的意志[①]。或者，就像夏目漱石说的：人的目标必须本人为自己设计。卓越企业的产生，以一种我自体的存在和充分发挥为必要条件。自我是自我的优势。

人类有三次觉醒：人类的觉醒（将人类从自然中独立出来）、自我的觉醒（将自我从群体中独立出来）和社会的觉醒（意识到社会系统的重要性）。这些觉醒开启了人类文明的进程，并不断地推高文明的层次。商业文明，是人类文明的构成。企业也需要这类觉醒，包括自我的觉醒，即自我作为一个独特个体的企业意识的觉醒。企业的任务，一个是生存和发展，另一个是创造一个作为自我的存在。

企业是生长出来的，是从不同的起点按某种逻辑生长的结果。企业生长的终极能量来源是人，一个没有人的企业是不会生长的。也因此，每家企业都有它的命运。每个人的时代都会落幕，每个企业的时代也都会落幕，除非我们能在一个企业中将那些杰出的人才连串起来，这往往很难实现。系统本身并不具备可以实现系统转换的力量，否则，就不会是那样一个系统。所以，也很难有长盛不衰的企业。但无论最终的命运是什么，我们也都只能做我们自己。

企业实践，是人类实践的一种，是一种设定了基本规则的游戏；相同的是基本规则，而非内容、进程和具体形式。成功的精髓，是将自己的个性与行为方式完美地融为一体——无论是对个人还是对企业而言，都是如此。老鹰可以吃到兔子，鲨鱼却吃不到，但鲨鱼不应该羡慕老鹰，而是应该努力捕捉更多的鱼。查理·芒格说：巴菲特喜欢打桥牌赢，喜欢做生意赢，但他不是为了赢不顾一切的人……你观察他的一生，就会发现他的好

---

① 赫尔曼·黑塞.德米安：彷徨少年时［M］.尹岩松，译.长沙：湖南文艺出版社，2019.

胜心有多强，但他从不玩自己不擅长的游戏。企业，需要更诚实地面对自己；个体实践方式，是企业实践的正确范式。

6.3 自我设计和管理者素质理念

与个体实践方式对应的是，企业各不相同，表现为每个企业都有各自的经营理念、价值形式、实践模式和管理。例如迪士尼的"快乐"理念和品牌化的叙事方式；巴菲特的价值投资和护城河理念，以及专注于投资优质公司，而不是试图扭转糟糕的公司的原则；华尔街银行家杰米·戴蒙的创建堡垒资产负债表的经营理念；当年惠普公司的"惠普之道"；3M的创新文化和管理哲学；科氏工业集团的MBM管理模式；腾讯的"做连接"的理念；阿里巴巴最初的"让天下没有难做的生意"的经营理念；丰田的精益管理；铃木公司将追求本质的成本意识凝结为公司的"模式"等。再例如马斯克在2017年的财报电话会上曾说，特斯拉造的是"硬件更简单，软件更复杂"的汽车。

个体性实践的过程，就是自我设计的过程。每个企业都是一个场景，都是一种算法，正如奈飞文化手册中所说："创造你自己的管理新算法"。企业不能借用一套知识或方法管理自己，它需要发展出自己的企业管理学，这样才能适配和发展它的个体性。明确这一点的意义还在于，要警惕那种关于企业经营和管理的一般性思维对正确实践方式的妨害。在管理上，很多企业习惯于"临摹"，久而久之，要让他去做"原创"，他可能就不会了，而成功和卓越企业必定出自"原创"。

从问题的角度看，每个企业有每个企业的现实问题，不能做同样的处理。正如詹·卡尔森在《关键时刻》一书中所说："许多人都认为我会大幅降低票价（就像在灵恩航空公司所做的那样），或尽量节省开支（就像在平安旅行社时的做法）。但情况并非如此简单，平安旅行社面临的是萎缩的市场，所以我采取降低成本的措施，尽量从现有顾客身上赚取利润。而在灵恩航空公司，我们的成本是固定的，因此只能通过降低票价及增加班次的方法来增加营业收入。北欧航空公司的情况与前两者都不一样，必须采取不同的解决方法。"

不否认有一些管理上的通用技术和方法，因为存在相同性质的问题；但"通用"也仅限于原理和框架层面，在具体上，仍是个性化的和个体性的。企业越个性化，意味着个性化设计部分的比例越高。

企业是整个商业世界中的一个"项目"，企业管理就是针对这个项目的"项目管理"。商业世界中的"项目"各不相同，自然要发展出一套专门的管理方案。一个"项目"的管理方案与其他"项目"的管理方案，有相同之处，但肯定也有不同，而且，最关键的就是这种"不同"，它对应的是企业的独特性和独特的价值所在。企业越是要个性化发展，越是要回归自我设计；越是自我设计模式，则越个性化。

管理是企业自己必须擅长的一个领域。个体实践方式也意味着企业管理的内生模式，因为不可能外在地存在那种准备——无论是经验还是知识。完全靠外部智力把企业管理好，那是不合逻辑的；由于主体的个体性原因，外部性的"管理解决方案提供商"的假设是不成立的。企业是企业人的主观能量态的外化，管理是加持。马化腾说[①]：我们开拓新业务的领军人基本用自己人，而一旦决定做了，大到框架怎么搭、小到具体如何实施都放手给选定的人……而且任何一个新业务的开展，不要以为请个高人来就可以搞定，这不现实，你自己一定要有了解。

至于企业管理体系，它是形成的。不同企业，包括不同发展阶段和情境下的企业的管理体系是不同的（这又在另一个维度上构成对那种所谓的一般和规范管理思维的否定）。纵向上看，企业管理体系的构成包括：基本理念／观念／思想、经营方向／意图／愿景、模式／框架、管理制度／政策与

---

① 资料来源：互联网。

方法、操作管理，见图6-2。越是底层的东西，对企业管理体系的决定性作用越大、越根本；而越是底层的东西，又越是个体性的——它来自企业家的主观。企业的管理体系，一半是个性，一半是科学。

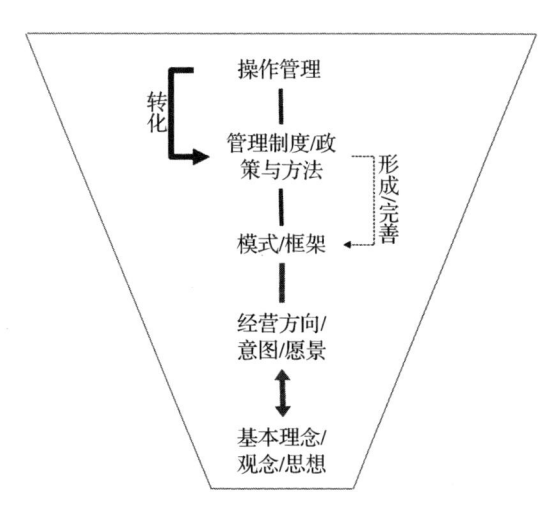

图6-2 企业管理体系的构成与生成逻辑

良好的自我设计的前提是自我具有那种设计能力，具有那种作为设计者的管理者素质。管理者素质不高，没有管理上的自为能力，是不可能自己把企业的管理做好的。个体实践方式对应的是以自我设计为中心[1]和基于管理者素质的实践模式。每个企业都需要去分辨和构建自己的认知体系和管理知识体系，需要提升自身的认知[2]能力和制定并执行方案的能力。企业管理要想有更快的发展和进步，则首先要有企业作为自我管理主体的意识的觉醒。

---

[1] 如果说企业管理的基本生成模式是自我设计，则管理学应提供的就该是设计基础知识，或者说，作为设计者的管理者知识（可类比用以培养建筑设计师的知识，而不是建筑"图纸"），即认知、原理、原则和框架——而不是方案，相对于企业管理学的传统，企业管理学的任务要发生改变。

[2] 思维上的高度和深度，是通过自我思想的跋涉达到的；认知力的提升和认知性习惯的养成，有一个过程，卓越者都是在很早的时候就开始了这一过程。

再加上"认知",我提出了关于企业管理实践的三个基本理念:认知、自我设计和管理者素质,如图6-3所示。其中,管理者素质高的管理者,是企业最重要的管理资产,尤其是对于那些创业型企业、创新型企业和追求进一步发展的企业而言。管理者素质,包括企业同时作为一个管理者主体的管理者素质和每个员工同时作为一个管理者的管理者素质。那种管理者素质和专业眼光也是集成使用外部管理资源(比如管理咨询公司和管理软件服务商)的基础,否则,可能不会选择、不会用、用不好或用不起来,并可能被外部主体误导——借助外部力量也只有在你具有管理它的能力的情况下才是有效的。

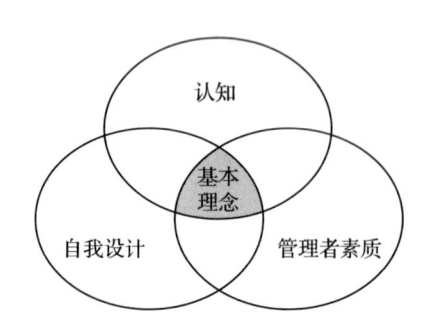

图6-3 企业管理实践的三个基本理念

企业理性 7

7.1 理性高于知识

我们不可能等到把全部知识都掌握了再来实践，事实上，绝大部分实践活动都要在"无知"（没有知识准备）的情况下进行；再说，相对于实践的无限复杂性和可能性，人类已有的知识无论多么丰富，其实都还是非常有限的，人类不可能创造出实践所需的"全部知识"；而且，我们已有的知识中，还有很大一部分是垃圾、泡沫和伪知识。

一个人拥有所需的全部知识是不现实的，但他现实地拥有理性。做企业管理，应更多地依赖于理性而不是管理知识——在企业管理学严重不济的当下，尤其应该回归以理性为基础。回归理性，也即利用人最原初的那种能对事物做出正确反应的能力，这种能力是人随身自带的[1]。理性是指一种对待事物的方式，理性就是理性以对[2]。当然，这里所谈论的理性不是指那种普通理性，而是指"企业理性"；就企业而言，理性就是循道、本分，就是回归企业性原则。

---

[1] 这也就是说，每个人都可以开始他的企业实践，并可通过理性的不断提升来扩大他的事业。

[2] 理性是认知和行为之上或者说背后的东西，高于二者。如果我们把理性定义为某种认知和行为，则是对何为正确的僵化，并终将导致走向不理性。把某种认知和行为视为理性本身，是对这个世界的断章取义。本部分内容中引用的示例都只是对企业理性的演示，而不是企业理性的所指，这里特别说明一下。

理性高于知识，知识是一种科学理性的产出。理性是元能力，知识是衍生品。元能力是关键，而不是衍生品是关键——正因为如此，在管理知识还不是那么丰富的商业世界的早期，同样有非常卓越的企业（家）产生；而且，正是因为他们的卓越实践，为企业管理知识的创造提供了素材。理性都是通过场景理性表现出来的，或者说，起作用的。理性方式，还可以让我们总是在进行根本性思考、重新思考，而且还不脱离真实的对象和问题本身。

在实践中我们也可以看到，最具管理能力的是那些理性程度高的人，而不是那些管理学书读得多的人。天赋越高的人，越应该更多地动用自己的理性，因为他们更具理性的力量——那些卓越的企业家都是这样产生的。在一个以快速变化为特征的时代，在一个知识创造跟不上变化的时代，只有回到理性上——未来的时代也将是一个理性的价值和理性的力量更加凸显的时代。

实践有其碎片性的一面，甚至可以说，实践本就是一个个碎片的拼接，理性可以提高我们每一个行为的理性程度，且可以使我们能够从任意的事情上开始。我们需要找到适当的方式去驾驭企业这个无比复杂和细碎的过程，一个极简又极丰富的方式就是循理性而行。实践永远是实践的主线，人为的加持作用仅在于不断提高这一过程的理性程度和知识含量；这种关系不能倒置，即不能以所谓的知识为框架，不能把实践装进知识的框架中。任何知识都无法与其所指的东西完全对应，除非其所对应的是一个绝对简单的存在。从实践维度出发才不会破坏实践的本体性和自然过程。

拥有理性比拥有知识更重要。用知识的方式代替理性的方式，是一个错误。知识是一柄"双刃剑"，一方面，它有利于我们；另一方面，它又局限我们。一个知识亦是一个观念，观念会阻碍新的观念的产生，以及使我们失去人的那种最原初的对事物的凝视和智慧。要用理性整合知识，而不是用知识换下理性。理性应该处于一种始终在场的状态。企业管理的真知识也必定是与企业理性相符的；如果不相符，则表明那个知识本身是有问题的。

费斯汀格法则是美国社会心理学家 Festinger 提出的一个很出名的判断：

生活中的 10% 由发生在你身上的事情组成，而另外的 90% 则是由你对所发生的事情如何反应所决定。理性的功能即提高我们对事情的反应的正确性。事业的根基是对于理性的尊重。在所有的卓越企业（家）身上，我们都能看到那种理性的品质。事实上，有很多的决策和行为都是企业（家）们基于理性做出的，我们也只有站在理性的角度上才能更好地理解他们。

没有谁能事前给出所有问题的正确答案，很多时候，我们也只能带着理性上路。知识覆盖不到的地方，理性可以。理性思维的构成包括：认知性心理、逻辑和利用反馈。理性，不是一系列的方法，而是一种心智，是一种有质量的主观状态，是一条道路。同时，真正的理性并不排除感性一类的东西，而是将感性的东西作为感性的东西加以认知和管理。

7.2　企业理性的构成

一个抽象的整体是很难把握的，我们需要对企业理性进行一定程度的解构和具象化，并明确企业理性的范围，降低理性思维的难度。企业理性包括：经营理性、知识主体理性、企业性社会系统理性[1]、企业人理性和管理理性等[2]，如图 7-1 所示。管理理性是企业理性的构成、实现方式和综合性呈现；讨论企业的各类理性，就已经包含了对该如何选择（管理）的讨论，所以，接下来将不再把管理理性问题作为一个专题单列。

企业理性不同于那种传统理性，可能还包括那些并不符合传统理性的理性行为，比如冒险——出于创新和战略发展的需要，企业必须冒一定的

---

[1] 出于合理安排内容的需要，本书中将"企业性社会系统理性"的讨论放在"5.2 企业社会系统是组织功能的基础性构成"一节中。

[2] 这是我对企业理性的一种解构，当然，还可有其他维度的解构。

风险。站在企业发展的角度上看，这是理性的[①]。企业理性，应是一种完整理性，包括面对未知的那种理性的方式，即完整地从企业性出发的理性。

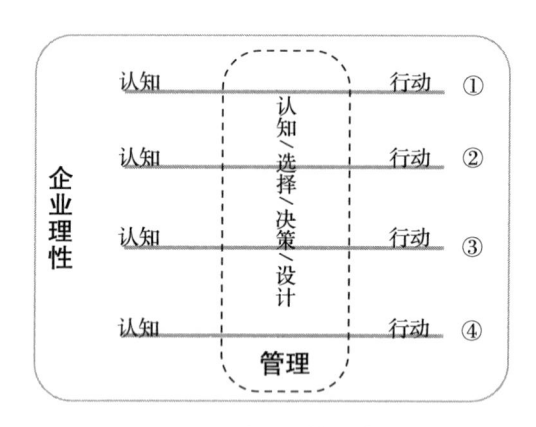

图 7-1　企业理性与管理

理性的行为表现不仅与认知有关，还与主体有关，例如，同样认知到民智开启是一股巨大的社会力量，但统治者却会选择愚民（同理，也不可能让变革对象支持变革，即便变革方向是正确的）；相同的认知并不必然导致相同的行为，因为还有不同的主体这个因素。只有主体理性，没有一般理性。人都是有理性的，但是在行为上表现出来的是一种站在自我利益角

[①] 比如杰夫·贝索斯认为：你必须敢于冒险，必须愿意承担风险，如果你不愿意冒这个险，如果你提出一个没有风险的商业创意，这可能已经被做了，那些想法已经完成了，他们已经被很多人完成了，并且完成得很好，你必须找到一些，可能不起作用的事情，所以你必须接受，你做的生意可能成为一个实验，可能会失败。比如扎克伯格说：不管你把自己放在什么位置上，你都必须做出一些重要的改变和调整，或者去做一些事情，总会有一些人指出，你所做的决定有可能带来的潜在风险。从局部来说他们也许是对的，对于你将要做出的任何决定来说，都会有利有弊，但是总的来说，如果你遇事犹豫不决，那么我认为你注定会失败，而且无法跟上时代的潮流，因此，从某个意义上来说，我认为这句话非常正确：从长远看，不冒任何风险是你冒的最大风险。再比如，一位接近宁德时代创始人曾毓群的人士评价他的"赌性"：敢于在一件事情只有70分把握时下注，剩下30分的风险在未来做的过程中纠正一部分，还有十几分的风险他就担了。

度上的理性，而不是站社会角度上的理性[①]。企业理性，是指一种以企业为利益主体的理性，是指站在企业这类主体的角度上的理性，或者说，符合企业这类主体的需要的理性。

企业理性的及格线是做到"本分"，即能够始终沿着企业和管理的本分行事。企业有企业的本分，正如杰米·戴蒙所说：企业好比是一个专门剧种的舞台，其他的剧目不适合在这里上演。无关的东西的存在会导致对它的干扰、耗散和异化，削弱其作为企业的功能性[②]。当然，由于人性的复杂性，守住企业和管理的本分有时候也并不容易，也总是会有一些别的东西被掺杂进来。我们甚至要花精力去对抗一些本不应该有的东西，这种对抗本身也是管理的一部分。做企业，没那么复杂，但也没那么简单。企业，也是企业人的理性修炼场；竞争的压力和失败的教训会让人不断地趋于理性和更理性（包括更高层次的理性）。"二次创业"应被理解为更具企业理性的"一次创业"。

7.2.1 经营理性

经营理性，即把企业作为企业加以经营（running），要以经营企业（而不是其他类型的主体）的思维和方式经营企业。企业经营由两部分构成：对外经营和对内经营，对内经营构成对外经营的基础。企业经营的是场景，企业理性实际表现为面对一个个具体情境的场景理性。实践中的场景有很多，有不同行业的场景，有不同维度的场景，有不同阶段的场景，有不同

[①] 看不到这一点，也是学者们经常在现实面前碰壁的一个原因：他们站在社会或一种知识的角度推销他们的观点和方案；在一种某个利益主体占主导地位的社会情境下，他们的这些东西是行不通的。社会一般理性是一种非自然主体理性，往往并不具备可实现的"主体前提"——有时候，真正的问题并不是认知不到的问题，而是"主体"的问题。理性，都是指某主体的理性；没有客观理性或绝对理性。建设企业的事业共同体和利益共同体的作用之一是，可避免"理性的冲突"——即如果企业成员之间的目标不一致、利益不一致，则他们各自的理性行为就会是互相冲突的。

[②] 正如心脏就是心脏，不能再让它同时具有肺的功能。

主客体的场景等。这里我不去对经营理性的内涵进行界定，也不去对经营理性的种类加以归纳和总结，而是提供一些素材，供读者自己去参照和解读，并建立起各自的感觉和觉知体系，以及找到那些最基本的可资遵循的东西。

宝洁公司 CEO 乔恩·穆勒说：如果我们从同行那边抢走生意，那我们的合作伙伴——全球的沃尔玛超市和塔吉特百货也不会有更多的利润，他们的营业额不会增长。所以我们的工作，必须是开创新产品，而不是抢夺旧业务。对此，我们能做的就是，增加产品的种类。正是因为我们给整个市场带来了创新，也方便了消费者——这才是我们应做的工作。我认为，如果你能够创造新的产品，为消费者和客户提供新的可能性，情况就会越来越好；但如果你只想和同行竞争，情况只会越来越糟。

红杉资本合伙人罗洛夫·博塔说：（突围困境的关键是回归基本面）。PayPal 在 2000 年初市场崩溃的时候，只剩下 7 个月的时间，而且没有收入，我们唯一能掌控的就是做好业务，为客户服务，这也是我们现在给企业的建议，专注于业务发展的基本要素。因为从长期来看，这是你唯一能掌控的事情，只有这个能帮你实现梦想。

红杉资本美国合伙人道格拉斯·莱昂内说：我们生活在一个瞬息万变的世界，你必须愿意尝试，你必须愿意迅速失败，你必须愿意去除那些没用的东西，所有这些意味着，你必须在你的公司文化中，融入敢于冒险的态度，敢于冒许多小风险，才没有大风险值得去赌。如果员工和合作伙伴，被激励去冒明智的风险，不断尝试新事物，这只会对你有好处。不要听信什么东西没坏就不要修，因为你必须意识到在一个动态的世界里，你周围的人都在试图破坏你，你周围的人都想抢你的位置。

优衣库创始人柳井正说[①]：经营是要落实在行动上的。因此，要想成为

---

① 柳井正. 经营者养成笔记［M］. 北京：机械工业出版社，2018.

一名经营者，还是需要亲身体验各种工作，并不断对如何才能经营好、如何才能调动员工的积极性等问题进行认真思考。只有在工作中经受锻炼，不断磨练自己，才能成为一名优秀的经营者。

……从培育经营者的角度考虑，总是处于强者地位的大企业，如不加以注意，其实并不是一个培育优秀经营者的良好环境。

……不断追求高标准，就意味着我们要对从未经历过的新事物发起挑战。而人在挑战新事物时，往往会感到不安。甚至产生这样的担心："万一失败了怎么办？"……这就是"追求稳定"的经营，这些想法都脱离了事物的本质。事物的本质是"从一开始就向往稳定的公司是不可能获得稳步发展的"。为什么这么说呢？理由很简单，因为顾客是很挑剔的。由于竞争的存在，各家公司都争相想出各种方式来吸引顾客。社会在以惊人的速度发展变化着，人们的需求也同样瞬息万变。倘若顾客、竞争方式、社会都是静止不变的，那么追求稳定或许可行。但是那样的世界是不存在的。现实情况是，只有经营者能够不被这些变化打败，进而将这些变化转换为商机并巧妙经营，他们才不至被顾客抛弃，否则公司也将难逃消亡的命运。不懂经营的人，经常讽刺敢于大胆接受挑战的公司"不正视现实"，从这个意义上说，其实追求稳定才更"不正视现实"。"不想将公司置于危险境地"的想法，反倒"更有可能将公司置于危险境地"。

……一般来说，世上不可能有什么事情是"只有我们想得到"的，但是，能将自己的想法切实付诸实践的人却很少。因为多数人希望规避风险。但换个角度看，对于经营者来说这却是个机会。别人还没有动手去做就意味着，我们可以完全控制该项经营，并在市场上占据绝对领先的优势，而且还不必担心由于其他人的介入而摊薄由此产生的利润。反之，不冒风险，我们也就不可能掌握这些优势。但是这绝不是让大家不考虑风险，莽撞行事。必须考虑风险，并对风险进行估测。所谓估测风险，就是要冷静、认真地思考"这么做风险在哪里"以及"风险有多大"等。那些标榜"在对风险进行估测之后，才决定放弃"的人，很多与其说经过了冷静、认真的思考，不如说仅仅因为最先产生了不安和恐惧，就在脑海里浮现出很多不能去做的理由，并以"对风险进行了估测"为由，堂而皇之地将那些理由正当化。其实这并非估测，而是停止思考。当然，一旦我们选择冒风险，最不该犯的错误就是，"冒着风险进行新的尝试，舍弃了眼前的利益，结果新的尝试却半途而废，无果而终"。这样一来，不仅是短期利益受损，为进行新的尝试而投入的成本以及未来的利润都将成为泡影。因此，一旦决定冒风险，就必须全力以赴地将要做的事进行到底，勇往直前，直到取得成果。也就是说，一旦决定做一件事就必须做到底。这是很重要的经营之道。成功的公司都是一旦决定做某事便全力以赴做到底的公司。

三星电子前CEO权五铉说："未来如此多变，企业应该如何应对呢？为此，我很推崇60%/40%原则——针对未来将会发生的事情，首先只预测60%，当这60%实现以后，再去准备和应对剩下的40%，否则便很难应对未来的变化。未雨绸缪虽然会避免将来措手不及，但我觉得只设定60%足矣。"[1]

杰夫·贝索斯说：很多年前，我们首次允许顾客评价。当时只卖书，我们准备让顾客来给书打分，顾客可以打一到五星，并写下评论。你们都很熟悉了，现在这是很正常的事情，但当时这是疯狂行为。图书出版商不喜欢这样，因为不可能所有评价都是正面的。我收到出版商的信，他说我有个好主意，只展示正面评价吧，他认为评价是积极的，我们的销售额会上升。我想了一下，我觉得不是这样。因为我们能赚钱不是因为销售物品，我们能赚钱是因为帮顾客做正确的选择。转换一下思维，就会发现需要展示负面信息，另外制造商也需要负面评价，以便迭代更新下一代产品，这样有助于优化整个系统。……我记得在早期，当时美国最大的

---

[1] 权五铉.战略定力[M].李民,译.南京：江苏凤凰文艺出版社，2020.

书店——巴诺书店开了在线书店和我们竞争。我们有两年的窗口期。我们创办于1995年，他们在1997年上线。最有趣的是当时所有的头条新闻，都是关于我们将如何被这个大公司打趴下的。当时我们只有125名员工，年销售额是6000万美元，而当时的巴诺书店有3万名员工，销售额30亿美元。他们是巨头，我们很小，我们的资源也很有限。头条新闻对亚马逊的评价非常负面。所以我召集了一个全体会议，我们都进了一个房间，面对一个强大的竞争对手，这对所有人来说很可怕。我说："可以害怕，但不要害怕我们的竞争对手，因为他们不会给我们钱，要害怕我们的客户。如果我们专注于客户，而不是纠结于我们刚刚遇到的强大的竞争对手，我们会没事的，我坚信这一点。"我认为如果你保持专注，不管有什么戏剧化的事情出现，不管有什么干扰事件出现，你的回报都应是加倍关注客户，满足他们的需要，而且不仅仅是满足他们的需要，更应该取悦于他们。

谷歌前CEO埃里克·施密特说：我们的生态系统中，竞争对手越多，我们其实会越好，而做到这一点的最佳方法是，帮助这些竞争者企业家取得成功。这不意味着他们会听命于我们，他们还是会用我们对手家的产品——广告系统和平台。很多人不明白，他们以为做生意就是零和游戏，公司A赢了，公司B就输了。为什么我们要这么做？因为我们的共同目标是建立更大的市场，这或许可以理解为在为他人做好事，但其实也是为了帮助我们自己，让大众更理解网络和平台这些概念，这对行业内所有人都有好处，包括谷歌。

奈飞公司联合创始人马克·伦道夫说：企业家想要颠覆和创新，只需要两种素养，首先，你要能容忍风险，容忍风险的能力是创业的基础，风险不一定是陷入险象环生的境地，而是那种前路可能通向任何地方的不确定性；你还需要不断产出创意的能力，因为最后成功的那个创意，肯定不会是你最初设想的那个样子，你可能会需要十个、一百个，甚至一千个创意,你要不断寻找创意,好创意不是靠灵光乍现的顿悟,是靠坚持不懈地寻找。例如奈飞公司的创立,不是因为一件创始人忘记还录像带的趣事,奈飞这个好点子就立刻出现了。我们寻找的好点子,被埋在一大堆糟糕创意下面。……制定商业规划是我见过的最浪费时间的东西,千万不要忙着制定商业计划,我从未见过一家公司能完全遵循规划的,如果把时间都浪费在判断未来会怎样,让公司为未来做准备,几乎总是白费力气。我不是说事前什么都不应该想清楚……但有点经验的人会发现很多公司(不分规模大小),他们会制定一个销售计划,他们会在1月的时候大张旗鼓宣传自己的新预算等,等到3月或4月,这个计划基本就要作废了,等到了秋天这个计划肯定是个垃圾了。我们是企业家,企业家的技能不应该是预测未来,而是无论未来抛给我们什么,我们都能随机应变、屹立不倒。我非常厌恶商业计划,人们向我用PPT推销他们的商业规划时,我也很厌恶,他们会装作知道未来两三年会发生什么的样子,而我们脑子里都是"不,你才不知道,而且你这种盲目自信的样子,真的让我很害怕"。

史蒂夫·乔布斯说:我们的人员在18个不同的方向忙活,他们做的每一件事都可以说很有趣。实际上,当你观察这些走在不同方向的不同"动物"所创造的"农场"时会发现:结果并没有聚合起来,整体小于各部分相加的总和。因此,我们必须决定,哪些基础性方向是我们要发展的,哪些事情可以搞,哪些不能搞,而有许多事情都是不值得去做的。从微观角度看,这些东西可能说得通,但从宏观角度来看,毫无意义。而最糟糕的事情在于,当我们在想"专注"这件事时,你会对你需要专注的事说"是",不对,专注的本质在于说"不"。你必须去说"不、不、不"。而你说"不"时,会惹怒别人,然后他们会去找媒体写一篇关于你的负面文章。这事真挺难的,因为你想要友善一点,但专注的本质在于说不,而专注的结果将是伟大的产品,作为有机整体的产品,大于各部分相加的总和。

英特尔前CEO克雷格·巴雷特说：你必须主动自我竞争，推出新产品，这样才能带来转变。柯达其实是一家制造胶卷的造纸厂，他们是否觉察到了数码相机的到来？当然。但是他们的胶片业务利润丰厚，所以想不惜一切代价维持现金流结构，而不是颠覆性地改变自己的业务。市场竞争击垮你之前，主动自我竞争，推出新产品，这绝非易事。

埃隆·马斯克说：我们选择想要技术创新的人，然后建立激励机制，奖励创新行为；工作上出错并不是最该担心的，但完全不尝试创新会有很严重的后果，你会被解雇；如果你连一点尝试创新的念头都没有，或者是动机不够好，那也就没有在公司待下去的必要了。……对于任何技术开发来说，关键问题都在于迭代多少次，以及每次迭代间隔的时间。星舰的每次发射，或者测试，我们都学到很多，因此，我们会加快发射和测试的频率，牺牲硬件总比牺牲时间好，时间才是真正的硬通货。

星巴克前CEO霍华德·舒尔茨说：当你成功的时候，你往往会开始谨小慎微，就像打比赛时的球队一样，你开始打防御战了，突然你会发现自己不再是向前冲锋的。我想要向前一步，我想挑战现状，并且我也能接受失败。我不想要重复失败，但我希望鼓励大家去尝试。即成功不代表停止挑战现状。……这些年，星巴克的质量一直在下降，继续这样下去，后果只能堪忧。所以我们果决地关闭了所有商店，这直接导致数百万美元的损失，我受到了很多的质疑和谴责，同行竞争也变得异常激烈，他们对我们穷追猛打。但这又是一个激励人心的时刻，这会向我们的员工和市场表明，星巴克从此有了质的保证。我们还大大增加了质量的把控措施。就这样，公司迎来了转折般的新生。

AirbnbCEO布莱恩·切斯基说：我觉得我犯过的最大的错误就是，我从没想过在20岁的时候会成为一名企业家，然后突然拥有了市值几十亿美元的公司，还有人愿意投资数十亿美元，那会儿被巨大的成功迷花了眼，就开始觉得，我什么都能做到，然后试图同时做所有的事，新冠疫情前我们有十个部门，业务拓展到很多地方。事后想来，有时候钱太多比钱不够更糟糕，因为钱不够的时候你会自我约束，会自律，会专心，会迫使你在业务上做出权衡。我认为当公司和初创企业资本过于充足时，就很少会遇到难以抉择的事情，承担的责任也会随之降低，自满情绪充斥整个公司。

山姆·阿尔特曼说：CEO 有很多工作，但我认为招聘是最重要的，你需要花 1/3 的时间来招聘人才，招聘世界上最优秀的人才，另外，如果在招聘上犯了错误，你必须以极快的速度来修正……迅速解雇员工也很重要——如果他们不适合这个团队。大多数创始人并不理解这一点，或者他们理解，但解雇人太痛苦，他们不想做。有人曾和我说，扎克伯格令人印象最深刻的事情之一，不是因为他雇人雇得好，而是因为他很会"炒人"，他可以迅速解雇那些不适合的人。

迪士尼前 CEO 罗伯特·艾格说：着眼未来的同时，也要把握好当下。如果你只顾其一，那问题就大了。比如你只盯着未来，那你就没有管理好企业的日常业务，这是不可取的。但如果你只管理眼前的日常，那你又会错过很多机会，或者完全忽视日后能引发祸患的细节，也不会为此做好准备。因此，保护现状这个概念，是我在公司里经常谈论的事。作为公司的 CEO，我的职责是确保每个人都能参与到未来和现在的工作中去。我们要注意现在所提供的价值，但又不能过分保护它，因为我们容易忽略我们所处世界、眼前发生的变化。……我尝试给员工这样一种思想，我们拥有的一切全都源于创新，正因如此，他们不需要把自己放在绝对的是非对错上，在我们这里没有绝对的对错，在创新过程中无法避免风险，创新永远伴随着风险，为了经营一个成功的创新企业，你必须接受这样一个事实，一切都有风险，没有什么是确定的，始终存在未知的因素，成功是美妙的、令人振奋的，成功的感觉真的很棒，但转眼就可能和失败撞个满怀,你必须学会吸取教训或管理失败。一开始就要知道没有什么是确定的,没有什么是绝对的,这对于经营一家成功的创新公司至关重要。

黄仁勋说:你不需要做到完美,只要让自己始终待在苹果树下面,这样即使在苹果落地之前你没抓住,但你只要是第一个捡起它的人就够了。我现在大部分工作就是这些,让自己始终在机会周边游走。还有,让公司每前进一步都有能力赚到钱,因为这样才能继续发展下去。

马化腾说[①]:自腾讯成立以来,我们从未遭到如此巨大的安全危机(指当年的QQ与360安全卫士之争)。这段时间,我和同事一起度过了许多个不眠不休的日日夜夜,劳累、委屈、无奈、深入骨髓的乏力感。当时有人认为腾讯公司正在经历有史以来最危险的挑战。那段时间,一种同仇敌忾的情绪在公司内部发酵,很多人把360公司认定为敌人。但如果没有360的发难,腾讯不会有这么多的痛苦,更不会有这么多的反思,也不会有后来那么大的感悟。经过这次事件,我发现,过去我总在思考什么是对的,但是未来我要更多地想一想什么是能被认同的。过去,我在追求用户价值的同时,也享受着奔向成功的速度和激情。但是未来要在文化中更多地植入对公众、对行业、对未来的敬畏。……对于自己人也要相当注重人才梯队的交接班,不仅是高层,中层其实也是一样,我们非常关注这一点,不会让一个人完全决定某个业务的生死……每个中层干部都一定要培养副手,这是硬性的"备份机制"。你一定要培养,否则我认为你有问题,忍你半年可以,但半年后你还这样,那我就帮你配了,你不答应也得答应。

马云说:我是不太相信弯道超车的,我坚信换道超车。弯道超车,十超九翻车,而且前面那个人也不会让你超。在前面的直道都落后了,在弯

---

① 资料来源:互联网。

道还能超车？我们应该在不同的道上面来进行竞争。我们在不同的道上竞争，才会有今天的整个互联网的发展[①]。

腾讯微信的开发者张小龙说：商业模式的改变，是让用户能够动起来，然后才会产生新的商业模式，而不是我们先计划好一个商业模式，用户就跟着计划动了。这只是一厢情愿而已。我们做产品的时候，常常会思考：到底这只是我们自己一厢情愿地认为可以，还是用户的意愿。这里的区别会非常大[②]。

vivo 创始人沈炜说[③]：上下游副业的投资完全建立在主业高速发展之上，一旦主业失速，整个产业就崩塌了。所以我特别反对上下游垂直整合。手机行业表面上是做制造业，本质上是做消费品。而我最懂的只有消费品，所以不会做别的。……企业健康长久，良性运转的前提无疑是做事要符合自身条件，符合自己的目标，而不是随波逐流。手头上有 1 个亿，就做 1 个亿能干的事情，如果有 1 个亿就去干 100 亿的事情，那就是自不量力。……以本分为核心的企业文化与价值观，我认为是我们企业经历 20 年风雨仍能存活至今的最重要的原因，是我们企业今天能够与世界一流企业 PK 的唯一的核心竞争力。

领英联合创始人里德·霍夫曼说：人生是团体赛，不是单人赛，创业也一样。团队要提高整体水平，就必须充分发挥每个人的优势，因为盯着个人的短板使劲，增强一个人的弱项，对整体助益很弱，只有深耕优势，才能为团体带来更大的突破。

豪迈集团董事长张恭运说[④]：员工的智慧（要用起来），我们一般用员工的体力（干活），如果能够把员工的智慧激发出来，再创新改善，那是一个投入产出比最高的生意，是非常有意义的……如果他在业余时间，能像钓

---

① 作者根据互联网上的一个视频内容整理。
②③ 资料来源：砺石商业评论公众号。
④ 资料来源：根据张恭运在豪迈集团接待一个企业家参访团时的交流视频内容整理。

鱼或下棋一样琢磨创新改善，那么你想想他对公司的贡献会有多大……每个人都有创新改善的潜质，每个人都知道什么是合理或不合理，好看或不好看，省事或不省事，节约或不节约，每个人都有这种判断的能力，如果把员工的这种潜能发挥出来，这个公司就有了活力，并且是非常划算的。

7.2.2 知识主体理性

由于知识的产生，人类把黑色液体变成了能源、动力和化工原料，把沙子变成了玻璃、芯片和算力，把泥土变成了瓷器，创造出语言和程序并搭建出了互联网世界。在我们还不会利用资源的时候，资源——如石油、硅、矿石就还不是资源，而只是一堆废物和烂石头。没有对物质及其化学属性的认知和化工技术，就不可能有化工产业，这是容易想见的。遭遇自然灾害后的经济恢复也总是比创造出新的经济增长点更容易、更快，那是因为恢复不再有知识创造的难题。

人类的发展是建立在知识创造的基础上的。知识是支撑起这个人造的世界的背后的东西。人类实践高级化的过程背后，是一个知识发展的过程。人类的实践水平之所以越来越高，是因为我们不断地将过往产生的知识投入到现实的行动之中。知识型社会，是人类社会的实质，也是人类社会发展的一个基本趋势。知识工作者也渐渐在社会上取得了主导者地位。

站在自然资源的角度上看，发展的基础是有限的，但人们所能取得的成就总是会超出它的自然资源边界，原因是知识资源的加入。是科技创新使沙漠之上的以色列成为一个农业大国，不仅实现了粮食基本自给和食品种类的极大丰富，而且每年大量出口谷物、油料种子、肉类、咖啡、可可和糖。

资源型社会是人类社会的初级和低级形态，知识型社会是人力社会的高级形态；资源型社会的空间是有限的，知识型社会的空间是无限的，并只与人类的创新能力有关。人类将越来越依赖于人类创造的知识资源进行发展。现有的知识（如技术），不应被作为我们的知识眼界，它只是人类创造的知识的一部分——已然的部分。

对企业而言，知识创造与其产品、服务和效率的创新、提升，不过是一个过程的两面。民航大飞机的一个翅膀就有 50 万个零部件，研发和生产一个飞机大概需要 3 万套软件。复杂性产品的本质是复杂性知识产品，如芯片、光刻机、航空发动机、民航飞机、核磁共振仪、数控机床。颠覆的过程，是新知识取代旧知识的过程——没有新的科技知识或商业知识的产生，凭什么颠覆？

企业亦是一个知识过程（如图 7-2 所示），是人类的知识过程的一部分。企业，表面上看是产品、服务和效率，背后是知识和技术；企业，是一种实在与知识的复合体。新知识重塑商业世界，一代代企业老去，一批批新生企业登上市场的舞台。高科技产品本质上是新知识产品，如 PC 机在 50 年前算高科技产品，现在就不算了。企业是一个知识创造实体，也是一个知识创造与转化的组织形式。企业的盛衰成败，与其知识创造与转化（转化为客户价值）能力相关。企业与生态企业的连接，包括知识上的连

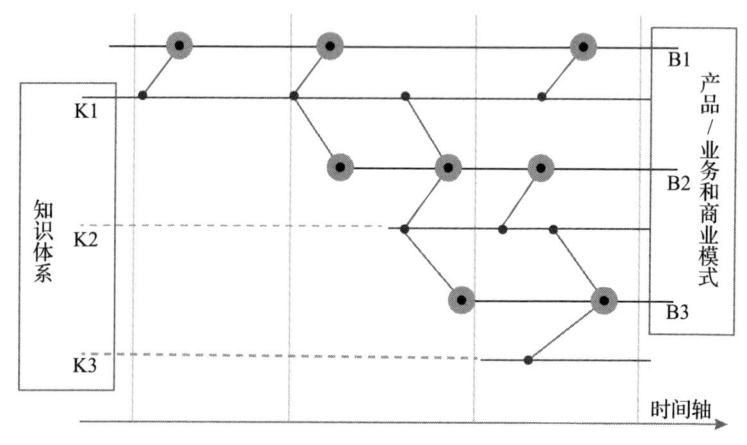

图 7-2　企业亦是一个知识过程

接。工业革命以后，产业世界知识化发展趋势特征越来越明显，现在，即便是企业的营销活动也越来越科技化了①。企业的发展和价值越来越取决于企业人的脑力而不是体力。

通过不断创造知识，企业从一个切入点拓展出一个大产业。比如借助科技进步，SpaceX 可以不断降低发射成本，这样不仅能获得更多的发射合同，还能生发出如太空旅游等新的业务——成本的降低会使得一项技术在其他方面的应用变得经济和可能。再比如，整个互联网（产业）世界最初也只是美国军方的一个项目。相反，如果不能继续出新，则企业的发展也就到头了，设想一下，如果苹果公司现在销售的仍是 2006 年的 iPhone，那它可能早就不存在了，更不可能成为市值一度超过 3 万亿美元的公司。

---

① 例如，马斯克为了火箭回收直播煞费苦心。火箭格栅翼打开调整火箭方向，冷气推进器点动修正姿态，发动机重新启动进行减速，底座稳定支架伸出，最后猎鹰 9 号火箭稳稳命中靶心，落到大西洋的无人回收船上，这些震撼而真实的画面可不是简单的一个摄像头就能解决的。SpaceX 在视频直播中解决了哪些问题？无人回收船距离陆地有几百千米远，当猎鹰 9 号从佛罗里达起飞后，它会将火箭遥测信号和摄像头拍摄的视频信号发射给地面基地。距离远了信号就会丢失，那么火箭就会马上切换到与回收船进行通信，为此火箭下部安装了两个固定波段的信号发射器，但在火箭进入大气层时，大气摩擦会使底座周围形成等离子层，无线电波很难穿过等离子体到达回收船，视频信号就会丢失，为了解决这个问题，SpaceX 通过大量的实验，最终把两个信号发射器的位置调整到了火箭上端，因为上端的等离子体比较稀薄，在火箭的不同姿态下，信号都能逃出等离子体的影响。但是想让观众看到完整的视频直播，这只是完成了一半的工作，因为当回收船收到火箭发来的视频信号后，还需要把这些信号传递给地面的广播基地，当然首先想到的就是利用广播卫星实现了，但还是发现了新问题，当火箭接近回收船的时候会点燃 3 个火箭发动机，强大的推力使回收船产生高频的震动，回收船上的视频信号发射天线就会失去对卫星的锁定，视频信号就断了，等火箭降落之后，船不震了，视频信号才能恢复。这时，你只能看到火箭立在那里的画面，前面精彩的降落过程视频就错过了，为了解决这个问题，SpaceX 用了自家刚刚投入使用的 starting 星链卫星，它配有一个圆盘状的相控阵天线，它可以快速地指向任意方向的卫星，对强烈的震动也有更好的抗干扰能力，从而能够进行稳定的视频通信。还有一点，单个星链卫星能覆盖 950 千米的陆地范围，正好可以保证回收船和地面基地间的通信，但是星链卫星飞得比较快，为此某个时刻需要将视频信号切换到另一个星链卫星上进行传递。以上所有的这些，都是为了让全球的观众能够更清楚地看到猎鹰 9 号发射和回收的全过程。——资料来源于巴蜀群英读书会公众号。

除了交换创造价值之外，就是知识创造价值。2010年，我第二次给一家大型军工科研院所做管理咨询，交流中谈到他们的一家产业公司，做的高尔夫球（铸钛合金的）一度占全球市场的80%，可现在没订单了——他们铸造的高尔夫球因为内部有气泡，所以需要后道工序探伤、修补，他们有一大批工人专门做这事儿，个别高尔夫球甚至要补200个洞，前几年他们的大客户在中国台湾与另一家厂商合作，这家企业在两三年内就把价格打到2~3美元（之前是在10美元上下），原因是这家企业可以做到一次铸造完成，球体内没有气泡，所以后道工序就全省了，而且产品质量更好（要补200个洞的和一个洞都没有的，哪种质量好，就不用再说了），而他们的产业公司的产品价格根本就不可能降到2~3美元，因为仅后道工序的成本就不止这些。再例如，2007年我给中国石化集团下属的一家公司做管理咨询，当时他们正在做几个大项目，包括煤转气项目（48亿元）、天津大乙烯项目（150亿元）和福建炼化项目的一部分，交流中他们谈到，项目的主设备采购要占到项目总额的70%以上，这些设备需要向国外订购，要先付款，而且对方还不保证交期，用他们自己的话说就是，"我们就是赚个辛苦钱，别看项目金额都很大，实际上赚不了几个钱，搞不好还要赔钱"。

质量的背后同样是知识。以前的汽车随时都可能出故障，而现在的汽车开几十万公里也很少出问题，这种质量背后到底靠的是什么？现在特斯拉的电机能达到20000转/分钟、电效率95%以上、耐久性120万公里，这种质量到底是来自什么？芯片性能的提升和高成品率又靠的是什么？是知识上的进步，包括有效的质量管理方法和科技上的进步。[1]

---

[1] 以戴明（William Edwards Deming）的质量管理为代表的传统的质量管理只是使我们达到现有的质量标准，而科技进步则使我们达到新的质量标准。传统的质量管理，我称之为"狭义的质量管理"；而真正的质量管理，包括科技进步带来的性能和质量标准的提升——这也是更具价值和意义的质量管理。因此，我把质量管理定义为一种对性能和品质的向上管理。把关注的重点放在狭义的质量管理上，可能会使企业落入发展的局限。

企业转型升级的一个含义是，从资源型企业向知识型企业的进化。郭士纳领导的IBM公司的转型和韦尔奇领导的GE公司的转型，被公认为是经典的企业转型案例，但人们忽视了一个问题，这二者转型的基本路径就是IBM所谓的"向服务业务模式转型"，我称之为"向下转型"，即向不具备什么知识含量的业务方向转型，这也为这两家公司落后于后来的时代大潮埋下了伏笔，所以，这其实算不上什么成功的转型。这两家曾经的商业世界的领导者也早已失去了其昔日的地位，如到2023年12月20日，IBM公司市值只有1461.45亿美元，GE市值为1342.74亿美元；而那些在科技上不断向上突破的公司，如苹果的市值达到3.03万亿美元，特斯拉的市值为7356.39亿美元。

用大脑工作的人，可不受工作场所和时空的限制；经营人的大脑的企业，对人的利用率也可以更高。企业，应具有知识主体理性，即同时将企业作为一个知识主体加以看待和展开经营与管理。知识主体理性，逻辑上包括三方面的内容。

7.2.2.1 扩大私有知识

私有知识才是企业优势、发展势能和利润的可靠来源。私有知识自然是有竞争力的知识，因为只有你有，而别人都不拥有。私有知识可构成企业最具壁垒性的护城河。没有专属于自己的知识，就很难有专属于自己的事业。企业，作为一个价值性主体，要有它存在的价值依据，在一个现代经济体中，这个依据就是知识——私有知识。公共知识并不能带来优势，公共知识对应的是同质化、恶性竞争和企业竞争力水平的下限。

没有知识创造，一家企业、一个产业，终将走向消亡。任何一个巨无霸企业都有可能被一个很小的创业公司扔进历史的垃圾桶。私有知识上的差异和差距，制造了企业与企业之间的差异和差距。卓越企业，定是一个知识高地。对企业而言，没有知识的生长的过程是一个战略上无效的过程。空中楼阁是建不起来的，现代社会的财富的根基是人类的创造力及其创造的知识总量。只要知识创造的可能依然存在，那么这种基于知识创造的发展就没有上限和尽头。

创造私有知识才能让企业摆脱"内卷"和残酷的恶性竞争。由知识增长推动的企业发展，是一种有价值的发展。卓越企业都具有一种"知识创造者"特质。技术引进并不能解决企业的知识上的竞争力问题。

在别人创造的知识领地里竞争，显然不是一种有效的经营性行为。搞技术替代[①]是否是一个正确的策略？逻辑证明的结果是"否"，而事实上也还没有看到过其为正确的先例——难以成功有其内在的原因。技术越是复杂和无形化，反向工程模式越是无效。这种对别人创造的知识的"学习"本身，即便能带来知识的增长，也肯定不会带来私有知识的增长，而且还很容易使学习者落入别人创造的知识的空间/维度，落入一种有限性之中[②]，而存在和世界的可能性原本是无限性的——在知识领域，亦存在着"对后发者的诅咒"，并可能制造出"永远的跟随者"。正确的做法是创造自己所能创造的知识。而且，把别人创造的偶然当成必然，是一个错误，是对这个世界的无知。

7.2.2.2　构建知识经济型经营模式

知识经济型经营模式是适合于知识型企业的经营模式——与知识经济相对的是物质经济（或者说，资源型经济），也是最具盈利能力的经营模式。由于知识可以零成本复制的特性，把知识型产品售卖给更多的用户，可获得很高的经济收益。在充分竞争和信息完全对称的情况下，企业价值只来自知识经济：知识优势与一种经营上的尽可能扩展的结构。知识主体理性包括对知识经济型经营模式的用心构建。

知识经济型经营模式带来经营的全球化。生产知识型产品的企业扩大

---

① 技术产业的转移不属于技术替代，而是生产替代。

② 知识应用型企业，具有发展的自限性，它们的发展无法突破所获得的知识的边界。这里的"知识"，包括知识型产品，如生产设备等。例如，一家企业投资买设备建了一条轮胎生产线，它就只能卖那种轮胎，而且，如果那种轮胎被淘汰了，它大概率也会被淘汰。

市场是经济的，因此具有扩张的内在需要，或者说，知识型企业具有扩张的内在（或者说，经济上）的合理性。产业的知识化对经济的全球化提出了需求，并成为经济全球化的一股重要推动力量。[①]

这样一来，一方面，做企业的知识门槛越来越高，"出圈"也越来越难，被淘汰的可能性增大；另一方面，在知识经济和全球化的加持下，胜出者又将获得比历史上的企业更大的成功和更多的财富。以智能手机操作系统为例，曾经推出的有 Symbian（诺基亚）和 Meego（诺基亚和英特尔）、Window Mobile 和 Window Phone（微软）、Palm OS 和 Web OS（奔迈）、Bada 和 Tizen（三星）、Blackberry OS（黑莓）等。但最后的胜出者只有谷歌的安卓和苹果的 iOS 系统，这种胜出也为其所有者带来了历史上其他企业无法企及的对产业发展的影响力和巨大的经济利益。

技术许可、订阅模式等，都是适用于纯知识产品的销售模式。互联网基础设施的建设，将更加有利于知识型企业的发展和拓展，因为纯知识型产品天然地适合通过互联网进行销售。打造一个符合知识经济的经营体系，应被作为企业经营的一个基本原则。也有基于一种管理知识的这种经营模式，如丹纳赫以 DBS 为核心的投资运营体系（见附文），另一个著名的案例就是丰田将其"精益管理"向成员企业的推广。

附文：以 DBS 为核心的投资运营体系[②]

丹纳赫也是"赋能式"并购之王。从 1986 年上市至今，丹纳赫累计收购 600 多家实业公司，从一家不起眼的信托公司发展成为世界百强的综合性制造业集团。通过兼并、收购，丹纳赫的总市值已高达 1808.11 亿美元（2023 年 3 月 24 日数据），在过去的 30 年中，丹纳赫的股价表现超过标准

[①] 所以，那些有知识优势的企业多是国际主义者，他们主张全球化和自由开放型市场经济；而那些没有知识优势的企业多是民族主义者，他们希望有国家作为保护，有"民族性"可以利用。

[②] 资料来源：互联网，作者为向问东，有删减、补充和重新编辑。

普尔指数将近2000%。其成功的秘诀在于以丹纳赫商业系统（DBS）为核心的管理体系。DBS带动丹纳赫多元化的业务体系在一个具有精神内核和文化凝聚力的平台上高效运转、协调发展。

作为更大程度上的实业企业，丹纳赫在并购方面与很多并购方不同，特别是与并购基金存在很大不同。丹纳赫并购企业，并不是为了短期提升和再出售牟利，而是着眼于提升和发展，与自身战略目标和业务体系的接洽。丹纳赫自喻为"建设公司的公司"（a company that builds companies）。

丹纳赫并购过程中一般不会对目标公司管理层大换血，10位高管中通常只会换2~3位，但CFO一般要换掉，因为DBS管理体系以数据为基础，CFO需要精通此体系。在这样的背景下，丹纳赫在并购过程中有一个重要否决因素：标的公司管理层对DBS的接受度。如果接受度不高，丹纳赫可能就此放弃这个交易。由此可以看到丹纳赫对DBS的坚持，是原则和底线问题。

一旦收购完成，在确定目标的基础上，一般做法是：在并购完成的100天里，制定出完成目标的战略计划。这个过程中，目标公司管理层变得特别重要，他们需要为未来发展制定好路径与计划，并与丹纳赫整体协同。之后，确定的计划会层层分解，分成年计划、季度计划、月计划，以数据为基础，不时审视和总结。每个月，丹纳赫各个体系都要开面对面的月度运营会，对比20项月度运营指标，用8个小时/1天的时间，进行认真分析、讨论和总结。对新并购的企业，丹纳赫总部会派专家参加月度运营会。丹纳赫非常务实，这些会议聚焦的焦点在于：哪些方面做得不好？如何能做得更好？

DBS是一个相对复杂的管理体系，新加入的公司不一定学得好、做得好。丹纳赫通常会等待一个契机：当新并入企业为完成一个业绩提升目标努力很长时间却无法突破时，丹纳赫会给这个企业组织一个一周的Kaizen（日语，持续改善），该企业管理层和丹纳赫部分高管参加。当丹纳赫高管熟练运用 DBS 将困扰已久的问题分解并解决时，并购企业管理层如醍醐灌顶，从此将 DBS 植入骨髓。

不仅对新纳入体系的企业要进行 DBS 的洗练，对新进入丹纳赫体系的个人进行 DBS 培训，也必不可少。丹纳赫关键岗位的新员工，入职后会有一个 2~3 月的"沉浸"（immersion）期，在此期间并不做正常岗位的工作，而是学习丹纳赫的制度和文化，体验丹纳赫的工作方式，并建立自己在丹纳赫的内部联系。这样的"沉浸"期结束后，这些员工就会以非常好的状态在丹纳赫的岗位上展开工作了。收购来的企业，管理层不可能全部同时进入"沉浸"期，丹纳赫会安排 1~2 年时间，让这些企业管理层逐步全部走完"沉浸"流程。

丹纳赫商业系统由并购而来，在并购和管理过程中推广，也从后续新并购项目中吸取新鲜做法和营养，并不断完善。例如：在收购牙科业务时，学习和吸纳牙科业务强大的销售管理体系；收购 Fluke 和 Hach 时，学习到更好的产品管理体系；收购 Tektronix 和一些生命科学业务时，学习到更多关于技术发展、先进研发及软件开发方面的知识。丹纳赫将学习到的这些新知识和管理体系融汇到 DBS 中。DBS 并非一成不变，其随着丹纳赫业务和资产体系的变化，而不断发生变化和调整。当然，其中有不变的内涵。

7.2.2.3 提升企业在知识上的能力

企业要使自己更具一种知识上的能力，包括知识的获取、创造、共享（内部培训和交流都是共享知识，包括隐性知识的共享）与对知识的管理能力，以及基于知识的经营能力。企业应该为增长知识而投资，要有对知识和技术的更强烈的欲望，并谋求在某一个领域的某一个或多个环节上建立起自己的知识优势——企业要具有一种知识生产的性能。

保持必要的专注和长期主义，以获得知识上的累积效应，包括知识创造能力上的积累效应。累积效应可以让企业不断地提高产品的知识含量、技术的复杂性，以及性能，并建立起竞争壁垒。在专门领域挖掘得越深、知识体系越庞大，则知识壁垒越高——这也是许多隐形冠军企业的成功密码。形成一定量的、专深的知识体系需要一个过程，正如韩裔德国新生代思想家韩炳哲在他的著作《他者的消失》中所说：信息唾手可得，而获取深刻的知识却是一个平缓而漫长的过程；它展现出一种全然不同的时间性；知识是慢慢生长成熟的。

要实现全面的、全过程的知识创造。企业的知识创造有集中和分散两种模式；研发可以理解为密集的知识创造活动；而分散的、偶发的、细碎的、与日常经营过程叠加的知识创造，同样有价值，累积起来能量巨大，甚至更大，但经常被忽略——日本企业对这种模式比较擅长，它们的质量管理和精益管理也可以理解为这种方式的两种具体实践形式。创新问题不等于成不成立研究院或研发中心的问题。要弄清楚知识创造的微观过程。

还要建立起一种知识"生产"型的人才结构、工作体系和企业模式。长期以来，企业设计的主要任务是解决生产及运营的有效性和效率问题，人们主要以分析的方法建立起一类工程技术型系统；新商业时代的企业，需要更关注知识创造与转化的有效性和效率，它们需要构建与之前不同的功能体，这种知识型功能体与生产型（包括运营型）功能体的构造和原理都是不一样的——比如，知识创造主要是动用人的"脑力"而不是"体力"；脑力"生产线"有效运行的要求不同于体力"生产线"，它需要人处在一种相对"空闲"的状态。

比如，1997年，当史蒂夫·乔布斯重返苹果时，苹果被划分为若干业务部门，每个部门都有损益责任。重新掌舵后，乔布斯将整个公司置于一个损益表之下，并将各业务的不同部门合并为一个功能性组织，将专业知识与决策权结合起来——这是苹果至今仍保留的结构。苹果依赖于一个以功能专长为中心的结构；苹果的基本信念是，那些在某个领域拥有最多专业知识和经验的人，应该拥有该领域的决策权。

再比如，马斯克在一次采访中说道：有一次上海招聘人事总监，马斯克亲自面试，一位有 10 年 HR 经验的应聘者，看上去非常自信。他说有两个方案可以为特斯拉每年节约 100 亿元人民币，第一，底薪减半，加班费加倍，同样的效率和产出，能节省一半的工资支出；第二，使用劳务派遣工，只需要付钱给劳务公司，剩下所有的事情由他们解决，连购买五险一金都省了。马斯克听到这些震惊不已，特斯拉是要节省成本，但是是基于技术创新上的节省，不是剥削和压榨员工，最后这位职场"老油条"被请了出去。[①] 繁荣的基础从来都不是零和博弈，而是创造出增量——新价值来自新知识的创造，来自人的创造性潜能的发挥。

7.2.3 企业人理性

企业人理性，是指使自己成为一个企业人的理性，即使自己更具那种企业人的心理和行为特征。马基雅维利说过一句话："一个好的君主一定不是一个好的基督徒。"同理，一个合格的企业家、企业人也一定不是一个完全的自然人，如图 7-3 所示。企业应同时关注人的企业化，而不是只关注人的能力，要使更多的人完成从自然人向企业人的转换。对于企业人而言，做人的方式要符合企业的需要。关于企业人到底应该是什么样子，我这里同样不去界定和总结它，而是提供一些直观的内容，供读者自己建立起那种认知。

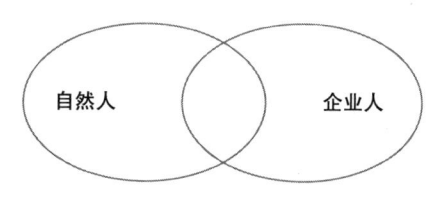

图 7-3 自然人与企业人的关系

史蒂夫·乔布斯曾说：我还记得里德 6 岁时，他回到家，而我那天刚解雇了一个人，我当时就在想，一个人要怎样告诉他的家人和幼子他失业了？肯定很艰难。但是必须有人去做这样的事。我认为确保团队的优秀始

---

① 资料来源：互联网。

终是我的责任，如果我不去做这件事，没有人会去做。[1]

杰米·戴蒙说：如果你走近我说"我会忠于你"，我会质疑这意味着什么，因为你应该忠于公司，你应该忠于客户，你应该忠于我所坚持的原则。但忠于我，通常意味着无论你是否同意，你都会为我的决定辩护，我认为这种做法是错的。

杰米·戴蒙还认为，尽管团队合作通常意味着"和睦相处"，但有时也需要孤勇者，有勇气表达某些事情；最优秀的团队成员是敢于举手说"我不同意，因为我不认为你做的事情符合客户或公司的最佳利益"的人。

迪士尼前 CEO 罗伯特·艾格说：我认为做不好领导的原因有很多，傲慢就是原因之一。有时候身居高位，特别是在获得成功之后，人们很容易让胜利冲昏头脑，从而变得傲慢。其次，做领导有时会是一种孤独的体验，正所谓高处不胜寒，你会因为任何原因，失去听取不同意见的能力。另外，领导有时也会带来胁迫感，让人们不敢讲真话。我认为最后一个原因，是我刚才说的所有原因的集合，它可能会影响你的判断力，用"权力腐败"这一词来形容它，最适合不过。……员工都害怕和上司汇报自己的失误，但这非常重要，因为错误往往需要及时补救。要想让员工敢于汇报错误，管理者就必须让员工知道，承认错误并不会受到过分苛责，并且营造一种坦诚沟通的氛围。只有面对宽容大度的上司，员工才敢于说出自己的失误，并承担应尽的责任。坦诚沟通不仅更加高效，也更容易及时止损和解决问题[2]。

迪士尼前 CEO 罗伯特·艾格介绍他曾经的老板时说：每次走进他的办公室，我都感觉我是整个公司最重要的人。后来我意识到，每个人都这么觉得。好的老板会让员工有被重视的感觉。这不仅影响了我的感受，也是我试图去效仿的品质，因为这是非常鼓舞人心的事。当你离开他办公室时，

---

[1] 资料来源：《史蒂夫·乔布斯传》。

[2] 背后的逻辑是：改正一个错误，是需要付出代价的；但只要改正了，不管是多大的代价，其实都是最小的代价；因为改得越晚，将要付出的代价越大。

心情是愉悦的，即使他给了你严厉的反馈，但这是他对你独有的指导，他关心你、专注于你，他让你觉得，你做的事情都非常值得。如果有人让你感到有价值，或让你觉得你是有特殊才能的，这种感觉会释放你的潜能，你会变得更加自信，甚至激发更多的求知欲。被人珍视，是生活中极为难得的事。

伯克希尔·哈撒韦公司创始人沃伦·巴菲特说：是什么导致了那些曾经伟大的公司走向没落？杀死他们的最大的原因就是自鸣得意。我想说的是，最重要的是不断保持危机意识。如果有人天天都在后面追你，你要保持领先，就必须不断进步。然而一旦你不求进取，那就危险了。这就是关键。当你每天能卖出18亿份时，也想尽力保持竞争力，就像当初你一天只能卖10份时一样。危机意识会让你觉得明天比今天更残酷。你需要把危机意识渗透到整个组织内部。

硅谷投资人纳瓦尔·拉维坎特说：如果你想在商业上有所成功，你需要一个清晰冷静的头脑。只有头脑清晰才能做出更好的判断，得到更好的结果。所以，如果你想以自己的最佳性能运行，你必须学会如何驯服你的大脑。

沃尔玛CEO董明伦介绍说：沃尔玛创始人山姆·沃尔顿和副董事长唐·索德奎斯特许多年前拜访竞争对手的商店，他们去了吉布森折扣店。那家店看上去不太好，有点脏乱，库存也不够，还有其他很多问题。他们走出商店，山姆问唐："你看到了什么？"唐说："他们有很多要改进的地方，这里不太好，那里也不太好。"然后他说："山姆，你觉得呢？"山姆说："你看到他们的连裤袜货架了吗？太厉害了，绝对是我见过的最完美的连裤袜货架，商品和价格展示得清清楚楚，商品摆得满满的，井井有条。"在那家看上去不怎么样的竞争对手的店里，山姆还是找到了值得沃尔玛学习的地方，这奠定了沃尔玛看待竞争的企业文化，我们永远不会陷入自负的情绪里。只要发现有人做得比我们好，我们就赶快学习。

AMD公司CEO苏姿丰说：其实一路走来，我得到了很多人的帮助。给我最大帮助的是，告诉我我犯了什么错的人。因为所有人都可以对你说你很优秀，但当你把什么事搞砸了，有人能毫不讳言地告诉你，这更珍贵，所以我一直心存感激。

维珍创始人理查德·布兰森说：你必须是个很好的倾听者，你必须是个很好的激励者，你必须是一个非常善于表扬别人，并善于发现别人的优点的人。人和花没什么区别，如果你用心浇花，花就会绽放，如果你用心赞美别人，就会激发别人的才能，这是作为领导者的关键品质，我也学到了授权的艺术，我有一支很棒的团队，他们管理着维珍集团的公司，我给他们很大的自由来经营公司，好像是他们自己的公司一样，我给他们犯错的自由。

……我们应该多从外界接受反馈，而不是每天坐在办公室。我会出去跟所有员工交谈，尽可能多地和客户面谈，并随身带一个小手册，记下他们的反馈。优秀领导者的关键属性之一就是倾听，然后确保写下反馈细节。在回到基地时，会去采取行动。一家卓越的公司，是把所有小细节做好，并且放在第一线的。如果你足够有耐心去倾听他们，就能完善所有细节，这就是普通公司变成卓越巨亨的秘诀。

……下一步是成为优秀的授权人，不要什么事都自己做，试着去找比你优秀的人，一直努力寻找比你更出色的人，有效让你脱离事务，所以不管你是谁，每天在做什么，试着找一个比你强的人去做，替代你的位置，这样你就可以离开，去考虑下一个蓝图。企业家不是管理人，企业家应该是非常擅长构想、创建新思路的人，然后交给真正优秀的经营者来管理企业。一旦你有了多家公司，你不能什么事都亲力亲为。

黑石集团CEO苏世民说：作为领导，你要学会接受所有的错误，找出错误的原因，并提出新的范例，这样你就不会再犯同样的错误。你必须训练组织来分析错误，而不是假装什么都没发生，对于绝大多数已经发生的错误，人们都希望它从未发生，还不去面对错误，因为这会让某些人感到尴尬，这是完全错误的事情。错误是一个真正的学习机会，可以使你的组织变得更好，你必须告诉人们，要让问题浮出水面而不是回避问题。

……如果你是领导者，你需要一直冷静，因为当你处于领导地位时，你的言语无形中会被夸大。所以当你生气时，不要提高嗓门说话，降低说话声音，语速慢一些，人们会听。永远不要针对任何人，在组织中，你要支持你的员工——即使他出错了。因为作为领导者你要知道，所有的错误都是你的，如果有人犯了错，是因为你雇了他，让他在那个职位上，你没有对他们进行足够的监督而他们犯了错。所以对他们发火是完全错误的，你把错误的人放在错误的地方，又用了错误的控制方法。

红杉资本美国合伙人道格拉斯·莱昂内说：因为我不认为我很特别，要先照照镜子，弄清楚自己擅长什么、不擅长什么。要真实地、公然地、冷酷地认清真相，然后你才能雇用一个出色的团队，这不仅是对你的补充。你需要愿意倾听。最怕的是，一群人中，你觉得自己是房间里最聪明的人，你将永远不会成功。因为团队永远是赢家，因此要雇用一个出色的团队并善于倾听。

杰夫·贝索斯说：我的邮件地址一直保持公开，我每天会收到成千上万顾客的邮件。我们在全球有几亿顾客，无论我们做得多好，永远会有顾客指出不足的地方，永远都可以做得更好。顾客的愤怒是神圣的，只要认真听，总能从顾客身上学到东西。邮件经常充斥着愤怒，"你毁了我孩子的生日！"——因为礼物没有及时到货。通过这些个例，找到问题的根源，分析为什么会犯这种错误，进而解决系统中的问题，以确保不会再犯同样的错误。

……要乐于被误解，关于这个我谈论过很多，拥有这种心态非常重要，你将可以去尝试任何你从未体验过的事。有时善意的批评家会误解你，有时是自私的批评家，各种各样的都有，但是没关系，这都是过程的一部分。

避免所有批评的唯一方法，就是照常去做你所做的事。那么，你怎样回应批评呢？应该做什么？怎样做才是对的？我认为第一件事就是问，这些批评家们是正确的吗？去倾听，然后问自己他们是否是正确的；即使他们不完全正确，是否有一部分正确，并可以给你启发呢？但是，如果你判断出他们是错的，你会更加坚信你现在正沿着正确的方向前行，再也没有任何力量能够撼动你，你应该坚持自我。但是，如果这些批评家是有一定道理的，那么你应该做出改变。

萨提亚·纳德拉说：大多数人认为同理心是为生活、家人和朋友保留的东西，但实际上，我认为这是企业生存的首要事情。你仔细想一想，我们的生意本质是什么呢？我们的业务是要满足客户未被满足的，同时又未明确表达的需求。如果我们不倾听，只停留在表面的话语，不去深入了解客户背后的真正需求，我们就无法通过创新来满足客户的需求，所以我认为有了同理心才能有创新。你要学会倾听，从生活的经验中学习。我的意思是，我不会说同理心是我与生俱来的，而是生活教会我的，我一直努力追求的就是，对周围人能有更多的同理心。

7.3　企业理性提升的两个路径

企业应该通过理性发展的方式去实现企业的进一步发展。理性提升属于主观能量态的跃迁。我认为企业管理的三项基本原则是：以企业为对象、以真实自然过程为基础、以理性为中心——理性是三项基本的原则之一。提升企业理性的基本路径有两个，如图 7-4 所示。

我把理性本身分为三种类型和三个层次：自然理性、传统理性（那种以一种结构性分析和计算为基础的理性）和认知理性。理性的发展与提升，主要来自认知的发展与提升。创始人的自然人理性是企业理性的起点和基础。企业家应不断地发展和提升自己关于企业和管理的认知，并使那种认知成为企业群体的意识。在这个过程中，除了直接的人员沟通之外，还有一个工具可用，那就是员工手册，员工手册可被当作提升企业群体的企业理性的一个工具。

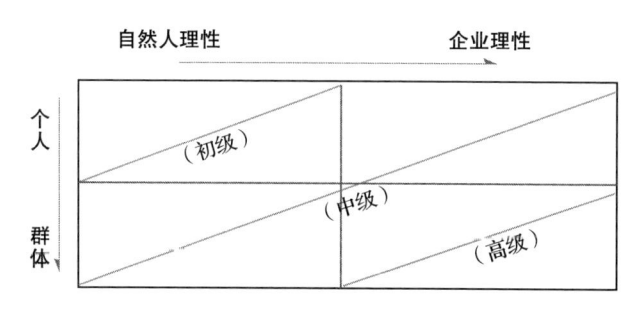

图 7-4　企业理性的等级和提升路径

王明春的企业管理学 后记

1. 是"企业"的管理学

如果你甚至都不了解你的管理对象，怎么可能有效地管理你的管理对象？如果你甚至都不研究管理对象，哪来的管理学？在我的管理学的世界里，管理是对管理对象的管理，而不是指那些具体的管理范式、策略、工具和方法；对管理对象（包括整体及其构成）的认知要比去琢磨那些方法性的东西重要一万倍。我是在管理是对管理对象的管理的学科思维下研究企业管理的。我的企业管理学，是"企业"的管理学。

传统的企业管理学，我认为可以称之为企业的"管理学"——在"企业""管理"及其"关系"这三项构成中，只研究了"管理"，只有"管理"的部分，即总结和提出一些管理的经验、观点、模式和方法等。企业的"管理学"是缺项的，是不完整的管理学。企业的"管理学"割裂掉管理对象，所以也就没有对管理对象的认知及二者的关系模式部分。企业与管理的关系，决定正确的实践模式是怎样的；割裂了管理对象，关于管理的实践模式问题[①]也就同时被删除了（所以我们也很少看到有人意识明确地讨论过这个问题）。企业的"管理学"解决二者关系模式的方式是让所有的企业去遵循传统管理学建立起来的那些所谓的"管理"原则、范式和框架——规范和一般管理思维也就这样不知不觉地诞生了。"企业"的管理学与企业的"管理学"是根本不同的，如图1所示。

---

① 即该如何生成管理的问题。

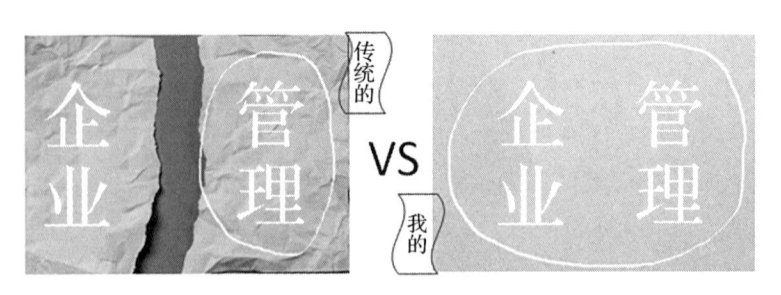

图1　两种企业管理学

企业的"管理学"，也不可能发展成为一门科学学科，因为它压根儿就没有作为一门科学学科的科学部分——对对象的认知；同时，正因为与管理对象割裂，所谓的管理研究也只能是总结一些经验或提出一些意见、策略和观点——这不仅导致企业的"管理学"基本上停留在一种经验的层次和观点的状态，还容易导致滋生大量的垃圾和泡沫知识[①]。对象是方法的尺度，没有尺度，我们甚至无法评判方法的好坏与对错，所以对当前管理学的许多东西也总是争论不断，而且还总是争论不出结果。

事物内在地具有它的可拓展性，与对象割裂的管理学，同时也失去了它的有效发展空间和路径。割裂了管理与管理对象之间的关系，便也就割裂了一种知识创造与实践真实之间的关系。一方面，太多的实践真实的东西没能成为研究和知识创造的素材；另一方面，管理学者们又很难找到有价值和意义的研究题目。以对象为研究对象，并不包括对对象的设定；真正的科研者也总是会毫无阻碍地把最新实践现象纳入解释范围，以及不断地刷新那个认知体系。

无论是管理实践还是管理研究，都要回到对象和真实的问题上；离开

[①] 人们会在那些经验、观点和方法性的所谓"知识"的基础上，进行整理和进一步的演绎、开发，从而衍生出许多新的所谓的专业"知识"——越往下演绎，偏离得越远，这是一种结构性必然。这些所谓的专业"知识"不仅无用，而且有害。比如，它让人们进一步地偏离正确的路径，它让人们陷入这些垃圾和泡沫知识之中；再比如，本来很简单的事情，被它们搞得很复杂。

后记　王明春的企业管理学

真实的对象和场景，也不可能提出真实的管理问题。从企业目的角度看，许多管理技巧、策略和方法可能并没有那么有价值，更不是管理的一般[①]。以管理对象为评判标准和以管理为评判标准，是根本不同的。与管理对象割裂的管理学很容易走向"伪学"，走向就管理而论管理的自说自话、自我演绎、自以为是、自我构建和以策略性的东西为主。

与管理对象割裂，是企业的"管理学"的硬伤。企业的"管理学"，就如没有对人的生理进行研究的医学，并最终沦为一种"药店"式的东西（传统管理学更像是"药典"，而真正的管理学应该是"医学"）。管理与管理对象割裂反过来制造的一个结果是，所谓的管理"知识"的知识性不足，以及与实践真实之间的脱节与冲突。

没有对对象的认知，自然不能做到管理"符合"对象，比如会出现仍然用计划、部门、岗位、流程、KPI、考勤等这类管理生产性活动和主体的方法，去对创新性活动和主体进行管理的情况，而且，在结果不理想的情况下（结果一定是不理想的），还不能知道问题出在哪里，因为，人们不会认识到是用错了"管理"。没有对对象的认知，也无法因应管理对象的不同，包括无法在管理对象发生变化后，能够有效地应对——实践中的一个现象表现是，很多企业和管理者对变化难以适应。

---

① 如乔布斯就公开否定并抛弃了"标准成本"法和委员会制度。如黄仁勋对"责任制"管理法也有过否定，他说："我从不觉得责任制会提高员工的工作能力，因为我不觉得一个项目的责任应该由一位员工承担；如果有员工说'我保证做到十亿甚至更高的业绩，我保证能做到，我愿意签承诺书，如果我的业绩好我就拿高薪，如果我的业绩差我就拿低收入'，他们会这么保证。但我并不喜欢这种制度，因为很多人都在忙这个项目，他们也会不满意这种制度。"再如谷歌创始人之一拉里·佩奇对"过关制"研发方式（如IPD就是这样一种方式）的否定："你见过哪个团队的表现能超越既定目标？呃，没有。你的团队研发过比计划中更出色的产品吗？"也没有。"如果是这样，计划还有什么意义？计划只是在拖我们的后腿罢了。一定有比计划更有效的方式，去和工程师谈谈吧。"——摘自埃里克·斯密特等著的《重新定义公司：谷歌是如何运营的》（靳婷婷译，中信出版社2015年出版）。

那些管理学"专业"出身的人在管理上却不怎么行,这是企业管理领域的一道"风景"——可以解释这个现象的东西是:管理学自身出了问题。相反,无论是历史上还是当今,那些最卓越的企业家和管理者大都不是企业管理学专业出身,为什么?原因之一是他们没怎么受到企业的"管理学"的侵害。我们需要将管理学从管理学的传统中拯救出来,需要将管理者们从那些传统的关于企业管理的观念和思维中拯救出来。并非"专业"没有价值,而是企业的"管理学"并不属于专业,那是一种"伪专业"。

经济学研究的对象是人类活动的经济性的问题(issue),企业管理学的研究对象是企业管理的问题——战略、组织、文化、人力资源、运营、变革和创新管理等,只是我们已经涉猎的关于它的研究维度;还可以有更多的维度,包括我们尚未意识到的维度。对象规定了研究的对象。在管理对象被明确之前,管理学的发展必然是零散的、偶发的、没有方向感的,正如早期的自然科学。割裂了管理对象,我们也必然理不出/清管理学的框架——对象都不清楚,怎么可能清楚作为它的构成成分的管理呢?企业管理学的框架,来自对企业的有实践意义的解构——这也是管理学是一门实践科学的一种体现和实现。

可能会有人觉得作为管理对象的企业有什么好认知的,谁不知道呢?我的回答是,在牛顿之前,人们可能也会觉得苹果往地上掉这个事并不值得琢磨;在分子、原子、电子和元素被发现之前,我们可能也会觉得自然界中的那些物质没什么好研究的,等等。任何存在都是无限维的,对对象的认知没有穷尽的时候。所有有效解决方案的形成都离不开对对象的认知,所有可以有所作为的领域和空间都来自发现,所有有效的知识也都是从对对象的认知中得来的——正如所有的物理学知识都是从对物理世界的认知中得来的一样。

对象是我们的工作对象的全部。除了对象,我真不知道人类还能研究什么。人类取得进步的道路只有一条——对对象的认知的拓展和更深入一步。回到对对象的研究上，则有无限的研究内容，任何现象和事实（事实是现象的一种）都会成为我们的研究资源。真正理解"企业"并不容易做到，"企业"（包括作为企业的基本构成的"管理"）没有那么容易被理解，很多时候，我们对它只是一种熟悉，还谈不上理解。

2. 是理论管理学

学者的东西大致可以分为两类：一类是在观察的基础上，运用人的综合判断能力给出的观点和意见；一类是在观察的基础上，运用人的分析能力给出的解释。目前的管理学属于前者，而我的企业管理学属于后者，即主要是关于企业管理的解释和认知，是理论管理学——理论，即真理性认知；理论管理学，即以认知为主要内容的管理学。我把关于企业管理的认知纳入管理学的范畴，并基本建立起关于企业管理的认知体系。

理论比观点和意见更有价值——正所谓从理论和哲学中获得的，定要远大于经验和观点。其实，即便是经验总结，也要建立在能够解释的基础上，否则，容易产生"总结性偏差"[1]。事实上，很多人在做这种总结时，甚至连基本事实都没有考察清楚，更多的只是在片面描述和断章取义，带有显著的个人的视角——当然，单靠观察也很难把基本事实弄清楚，正如爱因斯坦所说："一个人把实际观察到的东西记在心里，会有启发性帮助的……在原则上试图单靠可观察量来建立理论，那是完全错误的。实际上恰恰相反，是理论决定我们能够观察到的东西……只有理论，即只有关于自然规律的知识，才能使我们从感觉印象推论出基本现象。"[2] 现实中，面对同一件事情，不同人看到的东西是不一样的，也说明了这一点——因为每个人的主观上的准备不同。

---

[1] 许多看上去可信的谬误就是这样被制造出来的。

[2] Heisenberg W. Über quantentheoretishe Umdeutung kinematisher und mechanischer Beziehungen [J]. Zeitschrift für Physik, 1925, 33（1）: 879–89.

我们需要了解事物的构成以及它是怎样运行的，需要了解一种过程是怎样发生和发展的，就像我们需要通过对自然现象的解释，了解自然界以及自然界是如何运行的一样，这种了解会使得我们人类的行为更有效和更有效率，以及为我们打开一个个新的领域和空间。人类事业的发展过程，也是一个认知发展的过程。认知的发展，不仅带来新知识，也带来对之前的许多东西的否定和修正。认知包括对事物的解构，解构是认知事物的一种方式，作为一个整体的对象是很难被认知的。凡事都有一个最基本的可分析和可分辨的模型。企业是人为与规律（law）相互作用的结果，关于企业管理的认知对象包括人为[①]、规律、企业以及三者之间的关系，如图2所示。

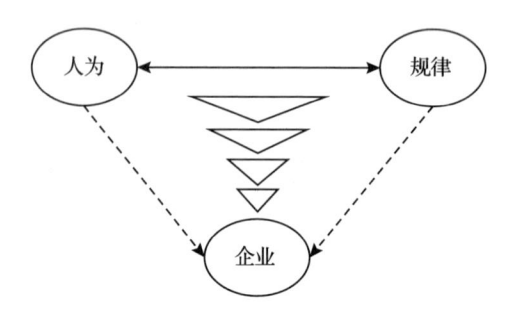

图 2　基本认知对象

"符合"的才是正确的，我们首先必须弄清楚要"符合"什么；弄清楚了，才能做到"符合"。企业经营和管理本身都是在建立一种秩序，我们要使得这种秩序具有有效性，但首先我们要知道怎样才是最有效的——这来自认知。满足企业管理所需的认知的范围，远超狭义的企业管理本身。对这三个对象及其关系的认知，构成关于企业管理的基础研究，或整个关于企业管

[①] 现有的对人的认知只有如亚当·斯密的经济人假说、梅奥的社会人假说和亚伯拉罕·马斯洛的需求层次理论等十分有限的内容；没有如对人的主观特点和意识活动过程的认知，没有对组织作为一个主体的主观能量态等的认知，而这些是我们把人和组织作为价值创造主体，或者说作为创新主体进行管理时所必需的。

理的研究的基础部分。基础研究输出的是认知而不是经验和观点。

事物背后的结构和规律是原因，现象是结果；每一个现象背后都有其产生的系统的结构和机理；世事都不是随性产生的，而是有着常人难以察觉的隐秘逻辑。企业管理研究如果是停留在现象层面，则意义不大——现象层面的研究，充其量能建立起一种相关性，而建立不起因果关系。真正有价值的研究不是站在现象层次的总结、看问题和提出策略，而是走到现象的背后，对其进行揭示和解释。孟德斯鸠说："我们考察一切原因，是为了看清一切结果。"这句话也可以理解为，要想看清一切结果，则需要考察一切原因。人的最高级的能力，是洞悉事物的真相的能力。同时，对成因进行考察，知其所以然，才能让我们可以去重建一个过程，以及让我们能够从根本上解决某个问题。通过认知我们获得一种局部性的知识（当然，人类所能获得的知识，都是局部性知识），局部性的知识可以让我们实现局部性的有效构建。理论研究，也即在科学的层次上讨论问题。很多时候，我们都忙碌在消除问题的症状而不是寻找原因上，这是一种低效（甚至无效）的、低层次的努力。

真正的"经营"（running），恰恰是要在能够取得成功的"原因"上下功夫，而不是直奔结果。如果我们的认知能达到第一性的层次，我们就能知道最大的可能性（或者说理论上的极值）是什么。很多人看事情只考察结果，而不考察原因，因此，他们坚信他们的意见是对的（因为有事实支撑），而事实上他们的意见是错的（因为那不是正确的行动的起点和有效方案）。正确的起点和方案，要通过向前溯及而获得，即应该是从一种"因—果"关系模式中产生，而不是通过对想要的结果进行分解得出，后者是无效的，也很难实施——强行"做"出来，其实并不具那种实质性。

认知到事物的真相，才能把事情做对（做到"符合"），并达到较高的层次，如图3所示。比如你不可能在一个大气压的环境下让水在50℃的时候沸腾，你不可能让子弹向推力的相反方向飞，你不可能让自己不受地球引力的作用，你不可能让自己喜欢不喜欢的东西，你不可能钳制一个人的思想而又让他有创新力，你也不可能让自己不会忘记一些事情，等等，我们无法将我们的自以为是、想当然和一厢情愿强加给这个世界。一切的设计和设想都因能够实现才变得有意义和正确，符合那种规定性的设计和设想才有可能实现。对这种规定性的认知，至少让我们可以不做错事，以及让我们努力在应该努力的地方和可以努力的地方。真正的知识只有两类：对自然法的发现和符合自然法的功能性设计（前者即所谓的理论，后者为技术）。一切的可能性和有效的方案都内含在自然法之中。认知理性是万法之法。认知缺位时的设计与行为，包括经验之下的设计与行为的结果往往是不确定的，并且非常有限（图中用"？"标识的实践路径）。

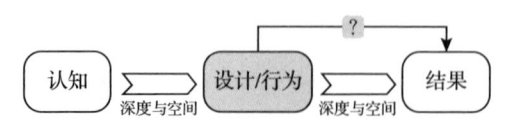

图3　认知的价值

单单强调人的意志是没用的，还要弄清楚事物自身的规律。规律始终是在场的（正如万有引力始终是在场的），只是是以它的方式在场。当你明确地意识到世界（包括自然界与人类社会）的本真是一个先验的规则体系时，敬畏之心自然就产生了；同时，"自我"便也不存在了，只剩下纯粹的"我"；纯粹的"我"的功能在于认知和重组。人们总是把判断错误归因于缺乏信息，这是一个误区。认知不到位，给你再多的信息也没用——我们每天看到那么多景象，却对大多数景象熟视无睹，已经说明了这一点。卓越的管理，以有效的认知为前提。我们当然也可以通过自然演进和试错的方式进行，只是效率太低，成本太高，也达不到那种深度，对企业这类实践越来越不能适用。认知是上游知识；与认知相比，方案属末流；认知到位了，方案是不难的。认知不到位，怎么可能"精准"？寻求解决方案的过程，看似是往后走，其实是往前走，往认知上走，往事物的第一性上走。

科学的实践就是科学以待，在处理问题上表现为把问题作为问题，并通过对它的认知找到正确的解决方案。

理论当然不是"无用"之学。真理性认知是可以直接起作用的。认知直接告诉你怎么做是对的；认知也直接告诉你哪些做法是不对的——终止错误，可能是认知见到实效的最快的方式。而且，人类所取得的成就与其因错误而付出的代价（包括那些无法验证的机会损失），可能一样大。认知给我们提供关于对错的确切的答案；认知的价值大于方法，认知解决的是正确性的问题，方法解决的是效率性的问题。认知提供最有效的决策依据；认知还让我们具有一种预知力——比如我们现在可以准确地预测日食和月食的时间。没有认知基础的建议和意见是没有价值的，甚至会造成误导。高水平的管理者，首先要能做出正确的管理决策，要能知道哪个方向是对的。没有认知则没有主见，亦没有定见。缺乏认知，那你听到的很多东西你都会觉得有道理——这也是那些"伪专家"和"伪知识"总是有市场的一个原因。

认知为我们提供设计方案的原理和框架。有企业可能会遇到这种情况——做一件事的必要性和目的性都清楚了，大家也无异议，但是不知道怎么做，做不出可行的行动方案，自然也到不了行动层面。我们设想一下要把企业做成什么样子很容易，难的是如何做到和能不能做到。即便是模仿，也要能解构出其背后的结构和规律等。看到一种建筑式样，我们要知道它背后的结构、材料和力学计算，否则，复制不出来；看到别的企业采用一种自管理的运行模式，但如果弄不清楚其背后的结构和机制设计，弄不清这种模式的前提和运行原理，就不可能在自己的企业中复制，这是当然的。没有解构，则难以产生具体而有效的建设性行为——我们要的往往是一个整体性的东西，但事情却总是只能一点一滴地进行。作为存在的事物都是一定的，也必有其一定的结构和框架，框架内含在事物自身之中。认知不仅仅提供设计的正确方向，还提供设计的原理和框架，也就是提供设计基础。

基于认知的管理设计可以是很"活"的，可以这样去做，也可以那样做。抓住问题的本质与核心，将获得解决问题的空间和自由度，且不会偏离问题本身。正如黄仁勋所说：有些问题，如果你直接去解决的话，可能要花很长时间，花很多钱，需要很高的成本，包括时间成本、资源成本等，但如果你尝试去改变问题本身，比如这个人究竟要问我什么，抓住问题的核心，或许你可以获得不一样的解读，由此，问题变得可以解决了，至少可以被简化。

认知为我们打开新的价值领域和空间。为了更清晰地说明这一点，这里举个其他学科的例子：DNA双螺旋结构的发现（见图4），除了让我们知道了遗传和变异是怎么发生的，以及变异为什么是百万分之几的概率等之外，还标志着分子生物学的诞生，带动了生物学乃至整个科学的发展。企业是一个复杂性存在，我们需要对它有更多维度的理解和认知。认知不及，有些东西和层次我们永远都意识不到，自然也到达不了。

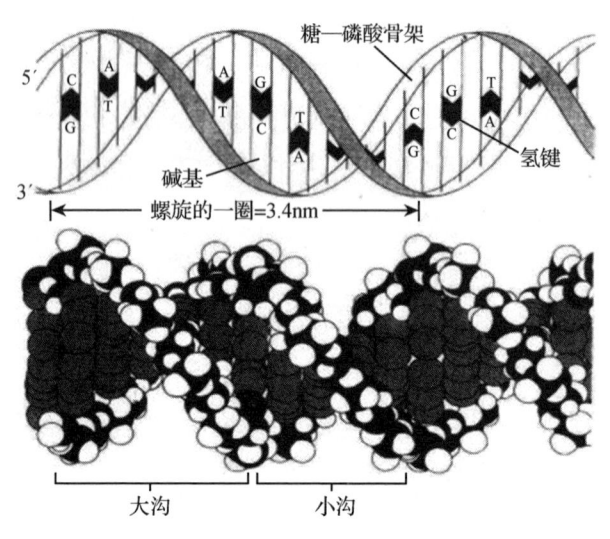

图4 放大了200万倍的双螺旋片段

图片来源：互联网。

后记　王明春的企业管理学

有时候我们会觉得没什么可设计的，那是因为我们还没有将设计对象展开，没有将其内在的结构和机理展开。任何一个点的展开，都是一方世界。在企业管理上，我们所能达到的设计水平，以及我们所能追求到的结果，与我们对对象的展开程度有关。把对象展开，才能显露出设计空间。对于解决问题而言，把事情展开才能让我们精准地找到问题所在，才能确保解决方案的准确性和有效性。笼统的也是含混的。很多企业的管理水平总是上不去的一个原因是，不能将对象展开，因此也难以创造出更有深度和多样性的设计，翻过来倒过去就那几种简单的手法。

认知让我们达到更高级的实践层次。抽离掉三维世界的时空和具体形式的内容，理论是一种四维世界的存在，自然可以让我们获得一种俯瞰的视角。到达理论高度，也使得我们可以超越个体差异。而且，我们需要站在更高的层次，才能有效地解决问题，正如爱因斯坦所说：no problem can be solved from the same level of consciousness that created it（在造成问题的那个意识层次上解决不了问题）。学再多的方法，也抵不上认知上的一次提升，因为它们属于不同的层次。区分一个人"专业"还是"业余"，就是看他有没有到达理论层次。层次不同，包括思考问题的层次不同和关注对象的层次不同。要想对一个东西做出评价，你得站到更高的层次上才行。我们需要把自己的管理视野打开，这种打开来自认知的拓展和提升。

认知提供给我们一个关于事物的知识框架。建立框架可有效解决知识的碎片化问题：就像去打猪草，你自己要有个框才能装点东西回来，否则，忙了大半天也带不回来多少。有自己的框架，还可以使自我学习和提升的速度加快，任何零星的所得都能被纳入自己的知识体系，实时对自己的知识体系进行刷新，实现自我知识体系的升级与迭代。相反，没有对事物本身的认知，我们不仅驾驭不了关于它的碎片化的知识，而且很容易被碎片化的知识所驾驭，以及很容易被一些人的观点性的东西所误导。自我认知的提升也是对抗外在世界的不完美的有效方式——抱怨外在世界的不完美是没用的，我们也不能假设我们不是生活在一个不完美的世界之中。

认知可以让我们直达事物的第一性，而不必纠结于他人的观点和学说，不必理会这个或那个管理流派，不必在意或不在意这个或那个管理大师，认知让我们挣脱既有观念的束缚。缺乏认知，也难以有效地使用工具。正如，如果没有对疾病与体温之间的关系的认知，医生就不能更好地使用体温诊断技术；同理，缺乏认知，亦不能有效地利用经验（包括自我的经验和他人的经验）。通过认知，将那些原理和原则明确出来的另一个意义是，可以使我们更好地去遵循，可以使我们清楚地知道应该遵循什么和不应该遵循什么。一个东西被明确出来和没有被明确出来（无论人们事实上有没有把它纳入思考范围），引发的人的行为是大不一样的。

认知让我们摆脱未知的东西的主宰。拓展对事物的认知的维度，是接近对物自体的认知的一种方式。有些维度我们没认知到，并不意味着它不存在；那些维度是存在的，如果认知不到，就会出现意识上的盲区，就不会产生有意识的应对，就会处在一种任其发生的状态，就会处在一种好似凭"运气"的状态[1]。理论也是一种超越自然理性的东西（在理论的范围内）。

人类也是在物理学理论大发展之后，在走出蒙昧以后，取得了自身与社会的巨大发展。经验主义依旧是主流，这是企业管理学的失败。认知不是属于现象层面的东西，它是超现象层面的东西；看到新事物，并不等同于认知上有发展[2]。经验如果仅以经验的形式被利用，那就太可惜了。经验主义者经常以"实战""操作性强"等名义掩盖它的真理性缺陷和固守经验

---

[1] 就像瑞士心理学家卡尔·荣格所说：除非你把无意识变得有意识，否则它会操纵你的人生，而你将其称为"命运"。我把这句话又翻译为，正是那些被我们忽视或无视的东西，执掌着我们的"命运"。

[2] 所以，经验主义并不会带来学科的发展和思想上的进步，现代人的认知并不一定会超过前人——而且事实是，历史上那些伟大的哲学家、科学家和思想家似乎成了一座座现代人再无法逾越的高山。

后记　王明春的企业管理学

主义，这是一种企业管理上的低端思维的表现。眼里只有经验的人，看不见那种符合性，看不见科学；企业管理的经验主义也阻碍了管理学作为一门科学学科的发展。

认知是一类发现和解释性工作；首先是观察，不带任何评价和框架[①]的纯粹的观察。观念会导致人类的感知能力被局限；不带任何评价，就是去除观念的局限，去除那个有色眼镜和视角，以达到认知的可能的上限。不带任何评价的观察，才有可能会接近对象本身；否则，即属于美国心理学家亚伯拉罕·马斯洛所说的非存在性认知（也叫"缺失性认知"）[②]。"我"会陷入我的主观世界，而对象总是以对象的方式存在着。我们参与了对对象的构建，这个我们认知到的部分与我们的主观世界有关。真正的理论研究者，亦是一个永远的第三者，他将一切都放在被观察和解释的位置上，而不是对立的位置上。

我的理论研究的基本方法，我称之为"实践解释"[③]。我把对企业管理

[①] 框架是我们认知事物产生的结果，也是我们重新认知事物的障碍，它已经在整体上决定了我们将如何看待观察对象，这在逻辑上等同于我们把事物的把握置于对事物的实际观察之前。我们自创的理解事物的框架与事物本身总是存在偏差。科学主义就是不秉持任何主义，科学主义是一种完全的认知理性。"主义"，即将某个东西信仰化、价值标准化。任何主张只要加上"主义"两个字，都会变成一种偏执。

[②] 关于非存在性认知，马斯洛说，"许多被当作认知的东西其实都不过是认知的替代物而已"；"预先对它进行判断……在外部世界中辨认出一套业已存在于他的头脑中的范畴"；"……总是将人的一系列期待强加到世界上去"；"……强烈地倾向于把这一事件加以扭曲，削足适履地将它塑造成一个更为习见、更为抽象、更有组织的形式"。马斯洛将这些认知概括为"标签化、类化的、陈规化"认知。——内容摘自网友（网名：驰骋过处 晓风残月）的笔记。

[③] 实践呈现出来的是一种现象，实践解释也即现象解释。现象是自然法的显现。不应把企业管理实践现象仅视为现象，而应将其视为现象资源，通过对它的解释产生新的知识，发现事物的真相。结果是我们窥探原因的一个窗口，所有的现象都有其深刻的一面。那些看似平常的现象（如苹果往地上掉、时间不能倒流等）的背后，都可能隐藏着一个关于这个世界的惊人的秘密（如万有引力定律、熵增定律等）。也正是这些发现，不断拓展人类的空间，以及将人类实践提升到更高的层次和水平。

的研究，从研究那些学术成果转向研究真实实践，从经验总结转向认知与解释，如图5所示，我的研究属于类型Ⅰ，目前的企业管理学属于类型Ⅱ——我的研究与目前的企业管理学是根本不同的，我的研究的目的在于揭示真相和提供认知，其作用在于为实践提供管理知识上的加持。我认为，类型Ⅰ才是适用的管理学研究，也是管理学研究与实践的正确的关系模式。目前的企业管理学，只拾掇了一些企业管理的皮毛，并制造出了许多的偏见与偏执。

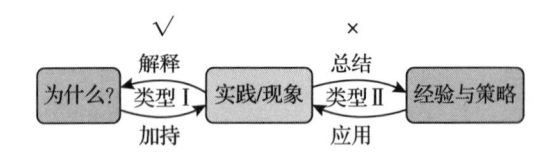

图5 两种类型的企业管理研究与实践

解释与追问是我们寻找真相的一个路径。实践呈现出来的是一种现象，现象以一种隐晦的方式告知我们一个真相，我们需经由解释发现这个真相。经由解释我们才能进入真理世界。理论研究亦是在"读书"，读一部无字天书，并将其转译出来。总结与现象是同一层次的活动，解释是走向另一个层次。对企业管理而言，这种解释的过程，是一个类似于哲学的追问的过程。经验给我们提供的是一个直观的东西，经由解释后，才能带给我们知识和理性的增长。实然会遮蔽我们的眼睛，唯有哲思可以让我们接近真相，换句话说，对于事物的真相，我们都是在盲人摸象，关键是看谁能站到更高的层次，这种更高的层次主要是通过一种哲思（哲思是最接近哲学本身的东西）的方式抵达的。经由哲思，使得我们走向对事物的认知/观念与事物本身的一致。认知是一种更深刻的观察。一个追求真理性的学科必然要走到它的哲学状态，并在那里与其他学科汇合。

没有解释，就没有揭示；没有揭示，我们往往并不能明白一种现象的真实含义和真正意义。很多事情，我们其实都还没有搞清楚，甚至都还没有意识到它们可能有什么意义或特别的含义，都还在被人们仅仅作为一个事情看待，没有对它们的深究。真理的道路需要照亮，这种照亮即揭示。解释的意义远大于我们把事实和现象本身呈现给人们。没有这种揭示，经验和历史对我们就不会有太大的价值，或者说，发挥不出它应有的价值。我们也总是需要为我们认为正确的东西找到一个坚实的依据。从现象层面看，世界一日一变，但其实其背后的决定性力量从未变过。当然，绝大部分人都存在突破现象层次的困难，企业管理的理论研究也不是任何人都能做的[1]。

认知是解释的结果，认知又使我们更具解释能力和对现象的敏感性，这是一个交织着发展的过程。任何一种现象都是有解释价值的。走上"解释"这条路，你将有解释不完的事情。那些平常的、不起眼的现象并非没有现象价值，而是我们现在还没能对其做出解释。如果不加解释，现象和事实都不能给我们提供更进一步的有价值的东西。有价值的不是你提出了什么，而是你解释了什么。要平等地看待一切现象，任何现象的背后都有秘密。应将一切都纳入观察和思考的范围。越是那些平常的、普通的现象，价值越大——而事实又是，越是那些平常和普通的，越是容易被忽视。

"理论与实践脱节"这个说法本身是错误的，因为理论永远不会跟实践脱节，正如万有引力永远不会跟你脱节一样；人们看到的"理论与实践脱节"现象中的"理论"其实不是理论，而是"观点"[2]；人们眼见"理论与实践脱节"现象的事实，是人们将某些观点当做"理论"的结果。如果是经由实践解释产生理论，则理论自然不会反过来与实践相脱节；换句话说，

---

[1] 其他领域也是如此，正如亚马逊公司创始人杰夫·贝索斯曾自我感慨：在理论物理学领域，你必须成为最强的50人之一，否则，你其实做不了什么。

[2] 把一个观点或意见当成理论，最大的问题还不在于把主观当成真理，而在于它会成为我们的观念，对我们造成主观上的局限和遮蔽。

从实践现象上得来的东西，怎么会与实践冲突？①

我在把科学思维带到企业管理领域，并开凿出企业管理学的上游河道。认知的河道，需要有人开凿。对事物的认知，如果没有人去开拓，我们便永远抵达不了。需要有人在理论管理学的世界里跋涉。管理学不应该是一种思想性作品，更不应是情感剧，而应该是以科学性和技术性知识为主体。没有真理基础的所谓的管理知识，都是管理学河道里的漂浮物。没有对真相的揭示，就不能建立起根本性的评判标准，各说一套和"伪知识"泛滥就在所难免，位于学科下游的垃圾知识和泡沫知识大量涌现也就在所难免。同时，对事物的多角度解释之间理应不相互冲突，这也给我们提供了一个对自己的研究结果进行"验算"的方式——正确的解释之间，一定会相互印证。企业管理理论是一个可以被不断拓展的和需要不断被拓展的认知体系。将一个对象彻底弄清楚，是一个极具挑战性的任务和永远不可能完工的课题。

对管理的学习者们而言，学习的核心目的也不应在于获取那些知识和经验本身（更不应该是那些知识垃圾和泡沫），而应在于形成自我的关于企业管理的认知体系（见图6），否则，很容易成为一个"掉进知识和经验里的人"，成为一个只会"在知识堆里打转"的人。要驾驭和利用好一个东西，我们要高于它才行。认知型学习（图6中的类型Ⅰ）也避免了教条化，以及知识和经验本身可能带给人们的误导与局限。而且，在追求认知的心智模式下，任何的知识（无论对错）和信息反而对其都是有价值的。走向认知模式，才能不断地得到提升。Ⅱ型学习的价值仅在于，增加学习者的知识和经验的元素，为其建立起专业思考活动的基础（如果大脑里没有任何专业内容和元素，则很难展开一种专业思考活动）。

---

① 因此，如果出现这种情况，我们应该意识到，这是一次理论出新的机会。因为，一定是我们的认知有不及或偏差。真正具有认知理性的人，可能会有他的观点，但他并不一定要去捍卫它；认知理性，包含了那种开放性。

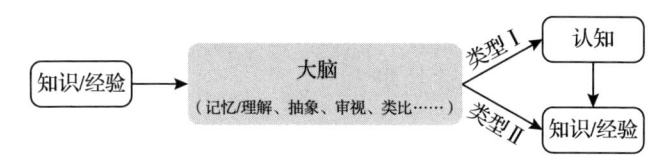

```
知识/经验 → 大脑（记忆/理解、抽象、审视、类比……） ─类型Ⅰ→ 认知
                                              ─类型Ⅱ→ 知识/经验
```

图6　学习的过程

不同人的学习过程和所得是不一样的。Ⅱ型学习的问题在于人们是学到了一种知识和经验，但其主观同时也被这种知识和经验"占据"。很多人的学习模式都是Ⅱ型的，他们被局限在某种所谓的知识和经验里而不自知——作为"学习者"的知识分子绝大多数属于这种情况。认知性思维带来的是不断的拓展，知识和经验性思维对应的是落入局限。要成为优秀的企业管理者，需要不断地拓展和提升自己的认知，并保持认知发展的独立性。企业家更应该发展属于自己的认知，这是他作为企业家的职责和标配（否则，他凭什么成为那个企业家）。那些表面的知识和技能，在实践面前是没用的。我把知识人分为三种类型（见表1），其中，及格线是B型，优秀线是C型。如果一个组织或领域的知识者群体都是A型人，那将是一件非常糟糕的事情。——A型人的另一个特征是：他们在接受了一种知识以后，很难再理解和接受另一种知识或新的知识（尤其是与他们现有的知识不一致的）。

表1　知识人的三种类型

类型	特点
A型 - 接受（Acceptance）	选择接受或不接受某个东西；绝对化和教条化；固守和定式化；盲从"权威"；机械式的知识搬运
B型 - 理解	理解而不是简单地接受；习惯于弄清楚知识本身是什么、指什么；清晰的逻辑思维；审视和鉴别能力；开放性；能有效运用和应用知识；他们是合格的知识的信徒（Believer）
C型 - 创造（Creation）	感知力；直觉与抽象能力；认知性心智模式和批判性思维（拥有知识的多少并不是区分这类主体的关键指标）

3. 兼及对管理学传统的批判

面对一个东西，很多人只学会了接受和反对，而不是批判；但从知识澄清和进化的角度来看，其中的接受和反对都是没有太大意义的，有意义的是批判。批判的目的不在于否定，批判的主体功能在于纠错和进一步提升。错误如果得不到批判，我们就会一直生活在错误（的观念）之中。而且，正如有人所说：最具危害性的，毫无疑问，是那些深入习俗，盘踞于人的内心深处的谬误与偏见。正如另有人所说：最后一场伟大的战斗不会在战场上进行，而是在人们的头脑中进行（The last great battle will not be fought in a field, but in the minds of men）。批判是一种勘误和修正，亦是站在更高层次上讨论问题。批判亦是一类知识生产性活动，是一种建设性行为——正如哲学批判是哲学发展的一种方式一样。

我们在对待传统管理学上犯了一个严重的错误，那就是未经批判而直接接受下来。正如一位学者所说：人们受过足够的教育来"相信"他们被教导的东西，而没有受过足够的教育来"质疑"他们被教导的东西。结果则如韩裔德国新生代思想家韩炳哲在他的著作《他者的消失》中所说：人们没有理解任何事情；然而知识却是基于理解的；我们不假思索地任自己沉湎于"事情就是这样"。

```
1. 法约尔范式批判
2. 认知缺位
3. 定义管理学批判
```

图 7　我对管理学传统的批判

我们要尊重的不应该是传统，而是真理。怀疑比相信更重要，没有怀疑过的相信就是盲信。在《战略性生长：该如何经营企业》一书中，我写了两个关于企业管理学传统的批判，即"法约尔范式批判"和"对管理对象的认知严重缺位"。本后记的前两个部分，也是对那两个批判的进一步补充。接下来，是我对管理学传统的第三个批判——定义管理学批判，并作

后记　王明春的企业管理学

为对那两个批判的补充（见图7）。我也想借由批判帮助人们建立关于企业管理知识的全景图谱，以及从一些具体知识和观念的"井中"走出来。

传统的企业管理学，亦是一种"定义管理学"（Defined Management），即人们对管理以及它的构成项进行定义，然后就是在那种定义下进行研究与实践，如亨利·法约尔对"管理"的定义、伊戈尔·安索夫对"战略"的定义、彼得·德鲁克对"组织"和"管理者"的定义、迈克尔·哈默对"流程"的定义[①]，等等。很多人观念中的"管理"，就是这类被定义的"管理"。

"定义管理学"是人为管理立法。"定义管理学"的最大风险在于：定义本身可能是有问题的，事实上，也正是如此，这给人们造成很大的局限和误导。人为管理立法，自带人的那种局限性和出错的可能。正如米塞斯所说：今天危害我们的、使得政策如此有害的所有那些坏观念都是被学术理论家发展出来的[②]。"定义管理学"屏蔽了管理的真正起点——管理对象，并人为地为管理制造了一个起点——那些定义。企业管理学的传统就像当年的托勒密体系，并非因为它是对的，而是因为人们以为它是对的；其所建立的基点、包含的基本思维和指向的实践模式，都是很有问题的。

一旦你接受和习惯了某种现象或事物，认为它是理所当然时，思维就不知不觉受到了限制。"定义管理学"使得我们的管理视野被局限在一种定义之下，并使得定义之外的部分都成了盲区[③]；而且，那些定义如果错了，学习它的就会跟着错。这些定义会成为人们的观念，进而参与到人们的实

[①] 法约尔定义管理就是实行计划、组织、指挥、协调和控制。德鲁克把组织管理定义为：为达成一个共识目标，将人、事物、时间、环境结合在一起进行有效的运作。安索夫把经营战略定义为：企业为了适应外部环境，对目前从事的和将来要从事的经营活动而进行的战略决策。哈默把流程定义为把一个或多个输入转换为对顾客有价值的输出的活动。

[②] 资料来源：摘自奥地利经济学派大师路德维希·冯·米塞斯1959年在阿根廷的一次演讲。

[③] 真正的盲区不是在视野之外，而是在意识之外。

践之中。走不出"定义管理学",则管理的学院派和用那一套东西混饭吃的管理咨询顾问等就难免被企业界所诟病和排斥(我就曾经在新加坡国立大学商学院组织的一次线下活动中听一位企业家特别强调,他们公司禁止聘请管理咨询顾问)——这种诟病和排斥是对的。

图 8 是我认为明显具有误导性的三部企业管理著作,也是"定义管理学"的三部代表作。在《工业管理与一般管理》(Administration Industrielle Et Générale)一书中,亨利·法约尔弄错了"管理"是什么;在《卓有成效的管理者》(The Effective Executive)一书中,彼得·德鲁克弄错了谁是"管理者";由于《竞争战略》(Competitive Strategy)一书,迈克尔·波特使得"战略"在很多人的意识中等同于"竞争战略"[①]。

图 8　具有误导性的三部企业管理著作

当然,那些定义并不是完全不着边际,但都总是有所缺失。实质是存

---

① 2012 年,迈克尔·波特创立的战略咨询公司 Monitor Group 申请了破产保护,最后以被德勤咨询收购而告终。这家顶着哈佛大学和战略大师双重光环的顾问公司的破产尽管有这样那样的原因,但有一个原因一定是主要的,那就是波特的战略学说本身是有问题的。战略与竞争是两回事,关于二者,波特的理解是错的,而如萨提亚·纳德拉的理解是对的:虽然说商业的核心就是竞争,但是只有当你的产出有价值的时候,竞争才是有意义的,有时候我们会搞不清楚竞争是什么——首先我们加入这场比赛,努力做到最好,去了解客户的需求,然后用事实证明我们比竞争者优秀;但如果为了竞争而竞争,企业会失去创造的原动力。

在的第一性，现象是存在的第二性；作为现象的存在有多个维度，我们也可以从多个维度对其进行描述，但这类描述都不能构成对它的定义，都只是盲人摸象的一种结果。传统管理学中对管理的定义太过随意，多半是一种现象描述性的，是站在事物的表面观察的一个结果，没有触及和溯及问题（issue）的真相和实质。现象观察的结果下的定义，一定与定义的对象本身偏离甚远。

有些东西被广泛接受，是因为它"看上去"是对的，这也是"地心说"曾一度占据统治地位的原因——人们总是更多地动用直观思维而不是理性思维（大概是因为理性思维需要更多的能量消耗，所以大脑的程序设置是直观思维优先）。"定义管理学"中关于企业管理的那些定义，更多的是一种现象描述，它被很多人接受，是因为它符合一些眼见的事实。真理的世界里，需要用哲思代替直观，"地心说"被推翻之后的科学大发展也正是得益于这种转换。

"定义"，本来只是定义者的一个观点。传统的企业管理学以学术的名义制造了对一些观点的信仰；学术的光环又阻碍了人们[1]去对它进行质疑。对管理的正确的理解不是被定义出来的，而是经由认知而抵达的。"定义管理学"产生于，在认知缺位的情况下，人们又想对事物有所把握的需要。传统管理学略显随意，或者说，缺少一种认真和严谨。管理学的任务是输出知识而不是观点，更不是经验，这是当然的。

关于"管理""管理者"和"战略"等的定义错误，我想我已经讲得很清楚了，下面再举个例子说明关于流程的定义。人们对流程有这样一些定义：①"把一个或多个输入转换为对顾客有价值的输出的活动"（"流程再造"创始人迈克尔·哈默）；②"一系列结构化的可测量的活动的集合，并为特定市场或特定顾客产生特定的输出"（知识管理的先行者托马

---

[1] 尤其是那些带着"学习"的心态接触企业管理的学术性东西的人们。

斯·H·达文波特）；③"业务流程是公司以产出产品和服务为目标的一系列连贯的、有序的活动的组合，业务流程的输出结果是为内部或外部的'客户'所需的，并为'客户'所接受的产品或服务"（德国流程管理大师奥古斯特·威廉·舍尔教授）。

　　这就是"定义管理学"的方式，一种外在的观察与描述性的东西；他们并没有揭示出流程的实质，当然也并不具有多少行动的指导意义，人们并不能从中看出到底该怎么去设计流程。而我对流程的理解是：流程是任务的生产工艺——面对这个理解，我想受过基本专业训练的人都知道该怎样去做流程，该如何去做流程管理，以及该如何去"借鉴"别人的东西，并可以自行判断流程设计的好坏。

　　而且，流程因技术不同而不同，用手工生产一个东西和用数控机床生产一个东西，其制造流程当然不一样；而采用一体化铸造技术，则可以省去各种机加工和组装环节。在信息技术的加持下，管理流程不同了，可以同步审批；此外，管理重点和管理主体不同，流程都会不同。别的企业的流程，可能无法搬抄。

　　例如2023年9月，在全面了解并亲身尝试后，丰田决定放弃采用特斯拉的一体压铸方案，他们认为特斯拉的制造优势"无法复制"。因为特斯拉投入重金进行研发，攻克了材料难关，避免了热处理导致大尺寸压铸件出现形变的问题。而丰田等其他车企若要使用一体压铸技术，首先也需要解决材料的技术难关。此外，一体化压铸技术对压铸机的锁模力有较高要求，压铸机存在定制设计与开发的技术壁垒，需要极高的成本支出。显然，没有决心投入巨额资金用于研发制造的企业，很难采用这一技术。在工艺方面，压铸工艺在温度、真空、工艺参数、后处理等方面都比传统铸造工艺要求更高，任何一个环节出现问题都可能会影响铸件的本体品质。并且一体化压铸的零件结构复杂、制造费用高、准备周期长，这对压铸模具的生产提出了更高的要求，而特斯拉凭借其"第一性原理"的思维方式不断攻克技术难关。得益于一体化压铸工艺的应用，特斯拉还在售后服务和维修环节带来了重要的改变，从而大幅提升维修工作的效率并降低成本。[①]

不存在标准流程，因为技术性流程与企业的技术条件有关，管理流程与各企业的管理模式、管理要求和管理（者）能力及偏好等有关。每个企业的每个流程，都是自我解构与重构的结果；流程优化，也是一种自我优化。自我的流程与自我高度相关；对流程的管理适用于由直接当事人来管理，而不是由旁人来加以管理。自我的流程来自自我设计而不是抄作业（当然，可以有借鉴）。自我解构而产生的流程，也自然是相对于自我的任务而言完整的。传统管理学对流程的定义和关于流程的一般性思维，导致了20世纪90年代"流程再造"运动的风靡，那是一场巨大的管理灾难。

科学没有成为企业管理学的底色，这不能不说是一大遗憾。知识的知识性不足，是目前企业管理学术领域的一个突出问题。知识也是观念，我们在接受一个知识点的时候，也是在接受一个观念。传统管理学向人们灌输那些概念、模型、思考问题的方式和一些具体知识，以及所谓的"管理大师"们的那些观点和意见，就真的对吗，就真的是有价值的吗？它们显然都还需要接受审视。

管理就是指管理，而不是指那些概念。很多人可能还没有意识到，他们眼下对企业管理学和管理学知识的否定与诟病，其实是由于他们跟着把那个自定义的管理学当成了管理学，由于他们落入了"定义管理学"下的范式，以及把那些观点和意见当成了管理本身而导致的[②]，见图9。遵从"定义管理学"的东西，远不如遵从人们的自然理性——遵从自然理性，至少是在正确的道路上。

[①] 资料来源：网友 onearth2020 的微博文章：《丰田研究了半天一体化压铸技术，放弃了，表示特斯拉制造优势"无法复制"》。

[②] 中国的"管理人"的这种情况最为明显，因为他们从一开始就是从书本上学的企业管理学，而这些书本上的东西就是"定义管理学"的那一套。

"定义管理学"制造了一种"管理"是什么的观念。"定义管理学"把管理学封印在那些定义里，局限在定义的框架下。接受了"定义管理学"对管理的定义（或者说，接受了那个关于管理是什么的观念），人们便也不用再去追寻真相，便也很难再发现管理学本身的问题。追逐观点的人只会去追逐下一个观点，他们不会去进行理解和认知。"定义管理学"阻断了人们对管理的自我的思考；在没有自我的深入思考的事情上，我们又总是容易轻易地接受别人的观点——这似乎形成了一个死结。

图9 "定义管理学"带来的是误导

图片来源：互联网

也正是"定义管理学"导致了一般管理思想、规范主义、职能化管理思维和构建主义的流行，因为管理被"规定"了模样。传统管理学给企业和管理学界植入了一种错误的管理思维。很多人都落入了"定义管理学"给他们构建的管理世界。心理学中有一种"境况愚蠢"，即从出生到现在，都待在一个反复灌输的语境中，久而久之潜意识会认为这是无可变更的真理。

我们需要考察知识的可信度，否则，可能因为落入知识的幻象而铸成大错。苏世民讲过这样一件事情："我的重大失败来得很早，我们当时正

后记　王明春的企业管理学

做到第三次投资,我当时需要在两人的投资看法之间做选择,我选择了那个看起来知识渊博的人,但这是个错误的选择,我们陷入了差点破产的窘境……那时流行的是,做成一笔成功交易,就做一个纪念牌来展示成果,而我做了一个特殊的纪念品,做成一个墓碑的样子,黑底白字,纪念那惨痛的失败,把它放在我的办公桌上,几十年如一日。即使现在我们取得了成功,我也绝不能忘记那次失败。"

因为没有如自然科学领域那样严格的知识"入选"标准,社会科学(如政治学、经济学和管理学)领域有太多被人们贴上知识标签的"伪知识",即被人们认作知识的"伪知识"。更糟糕的是,人们还会用这些"伪知识"去对实践进行"指导"和评价,使得管理实践落入和囿于一种人为定义的范式,以及使得那些本来正确的做法反倒显得好像不对似的。

知识应该是100%可验证的。如果一种管理意见,有时候对,有时候不对,说明这个意见还不具备知识性。"定义管理学"人为地规定管理是什么,而不是去考察管理本来是什么。在"定义管理学"下,管理知识在源头上就出了问题。很多人在传播管理知识,推销管理解决方案,却从不考证那些所谓的知识是否具有知识性,以及那些所谓的解决方案是否能真的解决问题。在"定义管理学"下,管理学与实践真实脱节是必然的,实践上用"补差"的方式解决这种偏差,表现为向事实方向做某种程度的迁就和妥协,所以总是很扭曲。

作为知识,必须具有知识性,否则,就会以知识的名义造成误导。作为一类为实践目的而创造的企业管理知识,如果在实践中根本行不通,或者并不能产生那种可期的结果,则我们就要对它的知识性产生怀疑,这是理所当然的。知识自有其标准,知识要具有可信性,要经得起逻辑验证[①]

[①] 逻辑,即一种合理的关于事物的抽象的秩序。逻辑是自然法的构成和形制——所以,逻辑也是哲思的必不可少的、有用的工具。这是一个逻辑上绝对严密的、完美的和内在统一的世界。经不起逻辑上的"质检"的东西,可以确定是有问题的。

和事实验证[1]。草率的断语和个人式的观点，显然还不应被归在知识的名下。也有人看出了传统管理学的问题，但还没弄清楚原因，也没有找到解决问题的正确方向。人们已经在传统管理学中"浸润"得太久、太深，这又使得走出它比较困难。传统企业管理学的三大缺陷使得企业管理学还没有成为一门科学学科，自然也就没有像物理学和其他科学学科那样的价值和意义。

"定义管理学"也使得人们失去零基思考方式，即那种基于事物和问题本身进行思考问题的方式——可以看到，现实中确实有很多人的管理思维被局限在这些定义里，他们偏执而自持。即"定义管理学"的另外一个问题是，会导致人们无视事物的复杂性，那种复杂性不仅是实践的真实，而且是产生进一步发展和生成无限可能的原因所在。走出"定义管理学"，才能恢复企业的那种原本的管理创新能力，以及我们在企业管理理论上的产出能力。认识与实践原本都是一个开放性的体系，"定义管理学"把它给局限了。正如马克·吐温所说："让我们陷入困境的不是无知，而是看似正确的谬论。"知识是有价值的，但前提是它要具有知识性。我们需要的是把事物"辨识"清楚，而不是经由人为地定义而制造出一个"清楚"的图像。我们需要返回到对事物本身进行观察的方式。"定义管理学"导致人们目前为止甚至连管理包括哪些内容都没搞清楚。

人类一直在向观念世界迁移（教育和传播加速和加深了这一进程），这也增加了人们身陷观念之井的可能性。人们接受了一种别人或有意或无意加诸的语言、观点和对事物的划分，就被装进别人提供的思考问题的范式和框架，并使其成为自己的主观世界的底色。人们用概念指代某类现象，从而使得这类现象被置换成这个概念所意指的那种存在。现实中，很多人甚至逐渐丧失了对真实的感知力，丢掉了好奇心、思考力和逻辑；他们也

---

[1] 之所以最终还要用事实验证，是因为事物的无限复杂性和人类认知的有限性。

后记　王明春的企业管理学

更倾向于从现有的知识体系中找到一个答案或者解释。有时候，观念甚至被凌驾在基本事实和逻辑之上。人们用从观念出发的思考代替对事物的真实性思考和根本性思考。人们渐渐地失去了与真实世界的相处，包括那种从真实出发的眼光和思考问题的方式；失去了认知以及那种原始的观察和辨识事物的能力。我们丧失了那种天然的灵性，很多时候，是因为我们的主观世界被许多的观念所占据。这也或许就是世界上越来越难产生大思想家和大科学家的原因：人们越来越落入人类创造的"二手世界"。

无论是企业管理的实践者还是研究者，都不应将自己置身于一个观念的世界。对真实的感知力、疑问、思考力和逻辑，是人类理性的本来面貌，也是新知识产生的前提和我们走向未知与未然的意识通道。正像索维尔在《这才是经济学的思维方式》一书中所说："谬误无处不在，许多单个谬误都是一种更广的模式中的一部分；也许最危险的做法就是，不对流行的看法进行事实检验，而是根据它们对一些现有世界观的契合程度来接受或拒绝它们。"

查理·芒格说：帮助人的方式有很多，其中最有用的是，帮人用一个正确的想法取代一个错误的想法——这就像上帝的礼物，因为我们都想远离罪恶的错误，而帮助他人避免这些是一件非常有益的事。

对于企业管理学的传统，我是一个批判者，而不是继承者。企业管理学需要这种批判，因为它需要发展成为一门科学学科，因为它需要发展成为一个有效知识体系，而不是继续作为一些观点、意见和经验的大杂烩而存在。人类的实践已经证明了知识和一个科学学科的价值。企业管理学需要的不是继承，而是重建。这种重建，也是对企业管理学作为一门科学学科的新建。人类的工作中总是包括这样一项内容，即解决人类自己制造的问题，解决的方向我称之为"回归"，即回到以自然法为基础上。所以，人类的进程，也总是表现为：一边前行，一边回归。